Sven Wettach

Einführung in das interne und externe Rechnungswesen am Beispiel eines Personaldienstleistungsunternehmens

Ein Lehr- und Arbeitsbuch mit mehr als 100 Aufgaben und Lösungen

Wettach, Sven: Einführung in das interne und externe Rechnungswesen am Beispiel eines Personaldienstleistungsunternehmens: Ein Lehr- und Arbeitsbuch mit mehr als 100 Aufgaben und Lösungen, Hamburg, Igel Verlag RWS 2014

Buch-ISBN: 978-3-95485-035-8
PDF-eBook-ISBN: 978-3-95485-535-3
Druck/Herstellung: Igel Verlag RWS, Hamburg, 2014

Bibliografische Information der Deutschen Nationalbibliothek:
Die Deutsche Nationalbibliothek verzeichnet diese Publikation in der Deutschen Nationalbibliografie; detaillierte bibliografische Daten sind im Internet über http://dnb.d-nb.de abrufbar.

Das Werk einschließlich aller seiner Teile ist urheberrechtlich geschützt. Jede Verwertung außerhalb der Grenzen des Urheberrechtsgesetzes ist ohne Zustimmung des Verlages unzulässig und strafbar. Dies gilt insbesondere für Vervielfältigungen, Übersetzungen, Mikroverfilmungen und die Einspeicherung und Bearbeitung in elektronischen Systemen.

Die Wiedergabe von Gebrauchsnamen, Handelsnamen, Warenbezeichnungen usw. in diesem Werk berechtigt auch ohne besondere Kennzeichnung nicht zu der Annahme, dass solche Namen im Sinne der Warenzeichen- und Markenschutz-Gesetzgebung als frei zu betrachten wären und daher von jedermann benutzt werden dürften.

Die Informationen in diesem Werk wurden mit Sorgfalt erarbeitet. Dennoch können Fehler nicht vollständig ausgeschlossen werden und die Diplomica Verlag GmbH, die Autoren oder Übersetzer übernehmen keine juristische Verantwortung oder irgendeine Haftung für evtl. verbliebene fehlerhafte Angaben und deren Folgen.

Alle Rechte vorbehalten

© Igel Verlag RWS, Imprint der Diplomica Verlag GmbH
Hermannstal 119k, 22119 Hamburg
http://www.diplomica.de, Hamburg 2014
Printed in Germany

Inhaltsverzeichnis

0 Vorwort 1
1 Buchführung 2
   1.1 Allgemeines 2
      1.1.1 Was ist Buchführung? 2
      1.1.2 Wer muss Bücher führen und warum? 2
   1.2 Inventur - Inventar - Bilanz 3
      1.2.1 Die Inventur 3
      1.2.2 Das Inventar 3
      1.2.3 Die Bilanz 8
   1.3 Bestandskonten 10
      1.3.1 Das Konto 10
      1.3.2 Buchen auf Bestandskonten 11
      1.3.3 Abschluss von Bestandskonten 13
   1.4 Erfolgskonten 15
   1.5 Abschreibungen 21
      1.5.1 Lineare Abschreibung 21
      1.5.2 Degressive Abschreibung 23
   1.6 Gewinn- und Verlustrechnung 24
2 Kosten- und Leistungsrechnung 27
   2.1 Fixe und variable Kosten 29
   2.2 Einzel- und Gemeinkosten 32
   2.3 Deckungsbeitragsrechnung 32
      2.3.1 Gewinnschwellen-Analyse 33
      2.3.2 Planung des Gewinns 35
      2.3.3 Zusatzaufträge 36
   2.4 Angebotskalkulation (Vorkalkulation) 37
      2.4.1 Ermittlung des Stundenverrechnungssatzes 37
      2.4.2 Ermittlung des Angebotspreises 41
      2.4.3 Branchenzuschläge 44
   2.5 Nachkalkulation 45

3	Betriebliche Kennzahlen	48
3.1	Margen	51
3.2	Kennzahlen aus der Bilanz	57
4	Literaturverzeichnis	63
5	Lösungen	64

Abbildungsverzeichnis

Abbildung 1 Inventurliste	5
Abbildung 2 Inventar	7
Abbildung 3 Übersicht Kontenarten	15
Abbildung 4 Zusammenhang Aufwendungen und Erträge	16
Abbildung 5 Von der Eröffnungsbilanz zur Schlussbilanz	19
Abbildung 6 Kosten	30
Abbildung 7 Kosten- und Erlöskurve	33
Abbildung 8 Gewinnschwelle	35

Abkürzungsverzeichnis

AB	Anfangsbestand
AG-SV	Arbeitgeberanteil an den Sozialversicherungen
BGA	Betriebs- und Geschäftsausstattung
Ford. LL	Forderungen aus Lieferungen und Leistungen
GoB	Grundsätze ordnungsgemäßer Buchführung
GuV	Gewinn- und Verlust
KLR	Kosten- und Leistungsrechnung
PSA	Persönliche Schutzausrüstung
PDL	Personaldienstleistung
RoE	Return on Equity
RoI	Return on Investment
SB	Schlussbestand
SBK	Schlussbilanzkonto
Verb. KI	Verbindlichkeiten gegenüber Kreditinstituten
Verb. LL	Verbindlichkeiten aus Lieferungen und Leistungen
VMA	Verpflegungsmehraufwand

0 Vorwort

Die Inhalte sind auf das Berufsbild für Personaldienstleistungskaufleute zugeschnitten, in deren Zentrum die Vermittlung von Handlungskompetenz steht. Diese fächert sich auf in Fach-, Personal-, Sozial- sowie Methoden- und Lernkompetenz, die durch die Übungsaufgaben aktiviert und ausgebaut werden sollen.
Basis für die Inhalte des Buchs sind der Bildungsplan für Personaldienstleistungskaufleute in Baden-Württemberg[1] sowie die Handreichung zur Umsetzung zur Umsetzung des Lernfeld-Lehrplans für Personaldienstleistungskaufleute.

Das Buch ist als Lehr- und Arbeitsbuch konzipiert und beinhaltet zahlreiche Aufgaben, die zur Einübung und Vertiefung der theoretischen Inhalte gedacht sind. Hierbei wird regelmäßig Bezug auf das eigene Ausbildungsunternehmen genommen. Dies soll in erster Linie dazu dienen, sich gezielt mit dem Rechnungswesen und Controlling „Ihres Unternehmens" auseinanderzusetzen. Ein weiterer Vorteil ist darin auszumachen, dass das Behalten der theoretischen Aspekte leichter fällt, wenn diese anhand konkreter Praxisbeispiele verdeutlicht werden.

Waldbronn, März 2014

Sven Wettach

---

[1] Siehe: Ministerium für Kultus, Jugend und Sport Baden-Württemberg: Bildungsplan für die Berufsschule. Personaldienstleistungskaufmann / Personaldienstleistungskauffrau. http://www.ls-bw.de/bildungsplaene/beruflschulen/bs/bs_berufsbez/BS_Personaldienstleistungskaufmann_08_3639.pdf

1 Buchführung

1.1 Allgemeines

1.1.1 Was ist Buchführung?

Buchführung ist der Ausgangspunkt des betrieblichen Rechnungswesens und hat die Aufgabe, sämtliche Geld- und Güterströme eines Unternehmens zu erfassen.[2] Im Detail lassen sich folgende Aufgaben feststellen:
- Ermittlung der Bestände und Veränderungen an Vermögen und Schulden,
- Ermittlung des Unternehmenserfolgs durch Erfassung aller Aufwendungen (=Wertverzehr) und Erträge (=Wertzuwachs),
- Lieferung von Zahlen zur Kalkulation der Verkaufspreise sowie zur Wirtschaftlichkeitskontrolle,
- Grundlage für die Berechnung der Steuern,
- Beweismittel bei Rechtsstreiten mit Kunden, Lieferanten etc.

1.1.2 Wer muss Bücher führen und warum?

In Deutschland verpflichten Steuergesetze und das Handelsgesetzbuch (HGB) jeden Kaufmann dazu, Bücher zu führen sowie Inventar und Bilanz zu erstellen.

Die Buchführung muss so erfolgen, dass sie gewissen Grundsätzen entspricht. Diese Prinzipien nennt man die „Grundsätze ordnungsgemäßer Buchführung" - kurz GoB. Hierzu zählen z.B.:
- alle Geschäftsvorfälle wahr, zeitnah und geordnet zu buchen
- wesensgleiche Posten nicht miteinander zu verrechnen (z.B. Forderungen und Verbindlichkeiten)
- eindeutige Abkürzungen etc. sowie eine lebende Sprache zu verwenden
- ursprüngliche Buchungen nicht unkenntlich zu machen, bspw. durch die Verwendung von Tipp-Ex
- Jahresabschlüsse, Inventare und Belege (z.B. Rechnungen, Kontoauszüge, Quittungen) zehn Jahre und Handelsbriefe (z.B. Auftragsbestätigung) sechs Jahre aufzubewahren
- keine Buchung ohne Beleg durchzuführen bzw. keinen Beleg ohne Buchung zu erstellen.

---

[2] Das erste Kapitel greift im Wesentlichen auf folgende Literatur zurück: Jossé, German: Bilanzen aber locker! Hamburg 2005; Jossé, German: Buchführung - aber locker! Hamburg 2008 sowie Wöhe, Günter: Einführung in die Allgemeine Betriebswirtschaftslehre. München 2008. Die beiden Bücher von Jossé eigenen sich besonders für Leser ohne bzw. mit nur geringen Vorkenntnissen.

1.2 Inventur - Inventar - Bilanz

1.2.1 Die Inventur

Zum Ende eines Geschäftsjahres – dies muss nicht der 31.12. sein - muss jeder Kaufmann i.S.d. HGB eine Bestandsaufnahme (Inventur) seiner Vermögens- und Schuldenwerte durchführen. Diese werden nach Art (z.b. Netbook, Asus EeePC R105), Menge (Stückzahl, Liter, Gewicht, Länge) und ihrem Wert in € erfasst. Wenn möglich erfolgt eine körperliche Inventur (z.b. durch Zählen der Netbooks), alternativ eine Buchinventur (von immateriellen Gütern und Schulden).

1.2.2 Das Inventar

Die per Inventur ermittelten Bestände werden in ein eigenes Verzeichnis eingetragen: das Inventar. Dieses führt jeden einzelnen Vermögens- und Schuldenposten auf und ist in drei Teile gegliedert: Vermögen, Schulden, Reinvermögen.

A. Vermögen

Nach Liquidität geordnet, wobei die weniger „flüssigen"[3] Vermögenswerte oben stehen. Außerdem wird das Vermögen gegliedert in:

I. Anlagevermögen (AV)

Dieses steht dem Unternehmen längerfristig zur Verfügung. Bspw.: Grundstücke, Gebäude, Fuhrpark, Betriebs- und Geschäftsausstattung (BGA).

II. Umlaufvermögen (UV)

Dieses dient dem Unternehmen nur vorübergehend. Bspw.: Rohstoffe, Vorräte, Forderungen gegenüber Kunden sowie die Geldmittel (Bank und Kasse).

B. Schulden

Nach Fälligkeit geordnet, wobei das langfristig fällige Kapital oben steht.

I. Langfristige Schulden wie Hypotheken- und Darlehensschulden.

II. Kurzfristige Schulden wie Verbindlichkeiten gegenüber Lieferanten, überzogenes Bankkonto.

C. Reinvermögen (=Eigenkapital)

Dieses ergibt sich als Differenz von Vermögen und Schulden.

Situation

Sie sind Auszubildender des Zeitarbeitsunternehmens *Prozeit GmbH*. Am Ende des Geschäftsjahres ist gemäß den gesetzlichen Vorschriften eine Inventur in Ihrem Zeitarbeitsunternehmen durchzuführen. Dieses Jahr bittet Sie Ihr Chef, zusammen mit

---

[3] Damit ist gemeint, wie schnell sich die einzelnen Vermögenswerte zu Bargeld machen lassen.

anderen Azubis die Inventur durchzuführen. Am Ende haben Sie und Ihre Mitauszubildenden folgende Positionen erfasst:

- Das Kontokorrentkonto (Girokonto des Unternehmens) bei der Hausbank weist ein Guthaben von 24.000€ auf,
- 10 Bürostühle á 400€. Die Rechnung hierfür muss noch beglichen werden,
- 10 PCs á 800€,
- 2 Drucker im Wert von jeweils 400€,
- für die Anschaffung der neuen Computerausstattung (PC und Drucker) hat die *Prozeit GmbH* bei Ihrer Hausbank ein Darlehen über 11.000€ aufgenommen. Hiervon wurden bereits 3.000€ getilgt,
- 1 Geschäftswagen im Wert von 20.000€,
- die Immobilie, in der sich das Büro befindet, ist Eigentum des Unternehmens und wurde für 180.000€ gekauft,
- offene Rechnungen von Kunden, denen Sie Arbeitnehmer überlassen haben, i.H.v. 15.000€,
- in der Kasse des Unternehmens befinden 250€,
- für den Kauf der Immobilien wurde ein Hypothekendarlehen aufgenommen. Dessen Restschuld beläuft sich 65.000€.

Aufgabe 1

Übertragen Sie die erfassten Positionen in die nachstehende **Inventurliste**.

Hinweis: Bitte bearbeiten Sie die grau unterlegten Spalten in dieser Aufgabe noch nicht.

Abbildung 1 Inventurliste

Bezeichnung	Aufgabe 1			Aufgabe 2	
	Anzahl	EUR pro Einheit	Summe (€)	Vermögen (V) bzw. Schulden (S)	Rang nach Liquidierbarkeit/ Fälligkeit
Bankkonto					
Bürostühle					
Verbindlichkeiten aus Lieferungen u. Leistungen					
PC					
Drucker					
Darlehen					
PKW					
Immobilie					
Forderungen aus Lieferungen u. Leistungen					
Kasse					
Hypothekendarlehen					

Aufgabe 2

Klassifizieren Sie die in der oben stehenden Inventurliste erfassten Gegenstände und erstellen Sie anhand der Inventurliste ein Inventar, also ein ausführliches Bestandsverzeichnis.

Hilfestellung zu Aufgabe 2

Dazu bestimmen Sie zunächst, ob es sich bei dem jeweiligen Gegenstand um Vermögen oder Schulden handelt. Danach bestimmen Sie den Rang des Gegenstandes im Inventar. Zur Erinnerung: Vermögen ist im Inventar nach Liquidierbarkeit geordnet. Je schlechter dieser zu Bargeld zu machen ist, desto weiter oben steht der Gegenstand im Inventar. Schulden werden im Inventar hingegen nach Fälligkeit, d.h. wann die Schulden zurückzuzahlen sind, geordnet. Je später, desto weiter oben stehen diese.

Aufgabe 3

1. Erstellen Sie anhand der Inventurliste und der Rangordnung der einzelnen Positionen das Inventar. Benutzen Sie hierfür die nachstehende Vorlage.
2. Berechnen Sie das Reinvermögen (Eigenkapital) des Unternehmens.

Abbildung 2 Inventar

A: Vermögen	Wert (€)	Summe (€)
I. Anlagevermögen		
1. Grundstücke und Bauten		
2. Fuhrpark		
3. Betriebs- und Geschäftsausstattung (BGA)		
Drucker		
Computer		
Bürostühle		
II. Umlaufvermögen		
1. Forderungen aus Lieferungen und Leistungen (Ford. LL)		
2. Bankguthaben		
3. Kassenbestand		
Summe Vermögen		
B: Schulden		
I. Langfristige Schulden		
1. Hypothekenverbindlichkeiten		
2. Darlehensverbindlichkeiten		
II. kurzfristige Schulden		
1. Verbindlichkeiten aus Lieferungen u. Leistungen (Verb. LL)		
Summe Schulden		
C: Errechnung des Eigenkapitals (Reinvermögens)		
I. Summe des Vermögens		
II. Summe der Schulden		
III. Eigenkapital (Reinvermögen) (Reinvermögen = Vermögen – Schulden)		

1.2.3 Die Bilanz

Auf Grundlage des Inventars erstellt der Kaufmann zum Ende des Geschäftsjahres eine Bilanz (§242 HGB). Im Unterschied zum ausführlichen Inventar ist die Bilanz eine <u>Zusammenfassung</u>, in der die einzelnen Posten nur mit ihrem <u>Gesamtwert</u> (z.B. BGA 12.800€) aufgeführt werden.

Die zwei Seiten einer Bilanz heißen „<u>Aktiva</u>" (linke Seite, Vermögen) und „<u>Passiva</u>" (rechte Seite, Kapital). Beide Seiten müssen gleich groß sein, sich die „Waage halten" (ital.: bilancia = Waage).

Aufgabe 4

Erstellen Sie auf Basis des vorstehenden Inventars die Bilanz der *Prozeit GmbH*.

A	Bilanz zum 31.12.	P

<u>Mit jedem Geschäftsvorfall verändert sich die Bilanz.</u> Beispielsweise kaufen Sie einen Laptop auf Rechnung, d.h. ohne ihn sofort zu bezahlen („Zielkauf", da Sie ein Zahlungsziel - z.B. 30 Tage haben).

Aufgabe 5

Nennen Sie die Posten in der Bilanz, die von diesem Kauf auf Rechnung betroffen sind.

Es gibt vier Möglichkeiten, wie sich Geschäftsvorfälle auf die Bilanz auswirken können.

Bilanzveränderung 1: Aktivtausch

Bsp. Barkauf eines Laptops im Wert von 1.000 €

Der Aktivposten BGA nimmt zu (A +)[4], der Aktivposten Kasse nimmt in gleicher Höhe ab (A -). Der Geschäftsvorfall betrifft folglich nur die Aktivseite.

Bilanzveränderung 2: Passivtausch

Bsp. Eine kurzfristige Verbindlichkeit gegenüber einem Lieferanten für Büroausstattung i.H.v. 15.000 € wird in ein langfristiges Darlehen umgewandelt, indem Sie zur Bezahlung der Lieferverbindlichkeit ein Darlehen i.H.v. 15.000 € bei Ihrer Bank aufnehmen. Der Passivposten Verbindlichkeit aus Lieferungen und Leistungen (kurz: Verb. LL) nimmt ab (P -) und die Darlehensschulden nehmen zu (P +). Der Geschäftsvorfall betrifft nur die Passivseite.

Aufgabe 6

Erklären Sie kurz, welche Auswirkung ein Aktiv- bzw. ein Passivtausch auf die Bilanzsumme hat.

Bilanzveränderung 3: Aktiv-Passiv-Mehrung (Bilanzverlängerung)

Bsp. Zielkauf eines neuen Geschäftsautos im Wert von 20.000 €.
Der Aktivposten Fuhrpark nimmt zu (A +), ebenso der Passivposten Verb. LL (P +)

Aufgabe 7

Erklären Sie kurz, welche Auswirkung eine Aktiv-Passiv-Mehrung auf die Bilanzsumme hat.

Bilanzveränderung 4: Aktiv-Passiv-Minderung (Bilanzverkürzung)

Bsp. Bezahlung der Rechnung eines Lieferanten i.H.v. 1.500 € per Banküberweisung.
Der Aktivposten Bank nimmt ab (A -), ebenso der Passivposten Verb. LL (P -)

Aufgabe 8

Erklären Sie kurz, welche Auswirkung die o.g. Aktiv-Passiv-Minderung auf die Bilanzsumme hat.

---

[4] Anmerkung: „A +" bedeutet, dass ein Aktivposten zunimmt, „P –", dass ein Passivposten abnimmt etc.).

Tipp: Vorgehen bei der Verbuchung von Geschäftsvorfällen
1. Überlegen Sie, welche Bilanzposten betroffen sind.
2. Handelt es sich dabei um Aktiv- oder Passivposten?
3. Nehmen diese Posten jeweils ab oder zu?

Signalwörter in der Beschreibung von Geschäftsvorfällen

Signalwort	Konto
PKW	Fuhrpark
Regal, Tisch, Stuhl, PC, Laptop	BGA
Bar	Kasse
wir erhalten eine Rechnung, Eingangsrechnung, Zielkauf	Verbindlichkeiten aus Lieferungen und Leistungen
wir versenden Rechnung, Ausgangsrechnung, Zielverkauf	Forderungen aus Lieferungen und Leistungen
Überweisung, Scheck, Abbuchung	Bank

Aufgabe 9
Erstellen Sie zu jeder der vier Bilanzveränderungen ein eigenes Beispiel.

1.3 Bestandskonten

1.3.1 Das Konto

Mit jedem Geschäftsvorfall ändert sich die Bilanz. Theoretisch könnte deshalb jedes Mal eine neue Bilanz aufgestellt werden. Es ist offensichtlich, dass dies viel zu viel Arbeit wäre. Stattdessen wählt man einen anderen Weg: Für jeden Bilanzposten wird zu Beginn des Geschäftsjahres ein eigenes Konto eingerichtet, auf dem später alle Geschäftsvorfälle gebucht werden, die dieses Konto betreffen. Da die hierfür eingerichteten Konten die Form eines „T" haben, werden sie T-Konten genannt. Die linke Seite auf T-Konten heißt **Soll**, die rechte Seite **Haben**. Der Anfangsbestand steht immer auf der Seite, auf der das jeweilige Konto in der Bilanz steht. Bspw. steht Fuhrpark in der Bilanz auf der linken Seite, folglich steht der Anfangsbestand ebenfalls auf der linken Seite auf dem T-Konto.

1.3.2 Buchen auf Bestandskonten

Der Anfangsbestand (AB) und Zugänge (Mehrungen) stehen auf einer Seite, die Abgänge (Minderungen) und der Schlussbestand (SB) auf der anderen Seite.

Soll	**Aktivkonto**	Haben
AB		Minderungen (Abgänge)
Mehrungen (Zugänge)		SB

Soll	**Passivkonto**	Haben
Minderungen (Abgänge)		AB (Zugänge)
SB		Mehrungen

Damit die Buchungen nachvollziehbar sind, werden die Buchungen in **Buchungssätzen** festgehalten. Hierzu könnte man aufschreiben: „Barkauf eines Laptops im Wert von 1.000". Dies wäre jedoch in der Praxis sehr zeitaufwendig, zudem würde die Verständlichkeit dadurch beeinträchtigt, dass jeder Buchhalter den Satz anders aufschreiben würde. Daher hat man sich auf folgende Schreibweise festgelegt:

Soll *an* Haben [Betrag in €].

Bsp.: Der Laptop gehört zur Betriebs- und Geschäftsausstattung und wird folglich auf dem Konto BGA verbucht. Wir kaufen einen Laptop, d.h. es handelt sich um einen Zugang (Mehrung), der im Soll gebucht wird. Wir bezahlen in bar, d.h. es betrifft das Konto Kasse. Kasse ist ebenfalls ein Aktivkonto, d.h. Abgänge (Minderungen) werden auf der Haben-Seite gebucht. Der Buchungssatz lautet: **BGA an Kasse 1.000€**.

Sind mehr als zwei Konten betroffen, wird nach demselben Prinzip verfahren. Bsp. Der Laptop wird zur Hälfte in bar und zur anderen Hälfte per Scheck (= Konto „Bank") bezahlt. Dann lautet der Buchungssatz:

BGA 1.000 an Kasse 500
     Bank 500

Bilden Sie für die folgenden Geschäftsvorfälle die Buchungssätze.

Aufgabe 10

Ein Kunde begleicht eine noch ausstehende Rechnung i.H.v. 2.000€ bar. (Geschäftsvorfall 1)

Aufgabe 11

Kauf eines Laptops für 1.000€, die bar bezahlt werden. (Geschäftsvorfall 2)

Aufgabe 12

Sie bezahlen per Überweisung einen Lieferanten, dem Sie noch 500€ schulden. (Geschäftsvorfall 3)

Aufgabe 13

Sie nehmen zur Begleichung einer Lieferverbindlichkeit bei Ihrer Hausbank ein Darlehen über 3.000€ auf. (Geschäftsvorfall 4)

Aufgabe 14

Zielkauf eines PKW für 30.000€. (Geschäftsvorfall 5)

Im zweiten Schritt werden die Buchungssätze in den entsprechenden Konten übertragen. Zur besseren Nachvollziehbarkeit werden den Buchungen auf den einzelnen Konten i.A. die Nummer des Geschäftsvorfalls sowie das Gegenkonto vorangestellt.

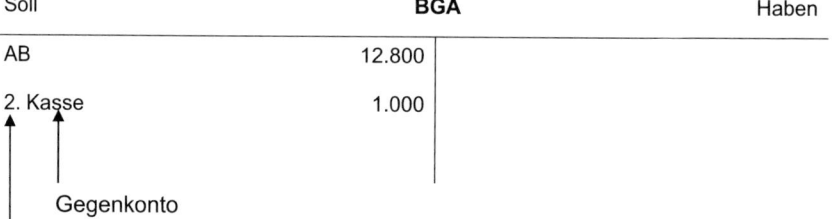

Nummer des Geschäftsvorfalls (hier: Kauf des Laptops)

Aufgabe 15

Eröffnen Sie für die Geschäftsvorfälle 1 bis 5 die entsprechenden T-Konten und übernehmen Sie deren Anfangsbestände aus der Bilanz der *Prozeit GmbH* von Aufgabe 4.

Aufgabe 16

Verbuchen Sie die Geschäftsvorfälle 1 bis 5 auf den zuvor eröffneten T-Konten.

1.3.3 Abschluss von Bestandskonten

Zum Ende des Geschäftsjahres muss der Kaufmann für sämtliche Konten den Schlussbestand ermitteln, die Konten abschließen und auf dieser Basis die Schlussbilanz erstellen. Im <u>ersten Schritt</u> werden hierfür die Schlussbestände der einzelnen Konten ermittelt.

Tipp: Vorgehen bei der Ermittlung des Schlussbestandes
1. Addieren Sie die <u>wertmäßig</u> stärkere Seite und halten Sie diese Summe unterhalb des Bilanzstrichs fest.
2. Übertragen Sie diesen Wert als Summe auf die wertmäßig schwächere Seite, schließlich müssen beide Seiten gleich groß sein.
3. Ziehen Sie von der Summe alle Werte der schwächeren Seite ab.
4. Sie erhalten als Differenz (Saldo) den Schlussbestand.

Im <u>zweiten Schritt</u> werden die einzelnen Schlussbestände nun an das <u>Schlussbilanzkonto</u> (SBK) gebucht, d.h. anstatt „SB" verwenden wir nun das Kürzel SBK.[5] Vom SBK werden die Werte in die Schlussbilanz übertragen. Das SBK ist ein „Hilfskonstrukt", da der Grundsatz gilt, dass in der Bilanz nicht gebucht wird. Schlussbilanz und Schlussbilanzkonto sind jedoch bis auf den Titel und die Seitenbezeichnungen - bei der Schlussbilanz „Aktiv" und „Passiv", beim Schlussbilanzkonto „Soll" und „Haben" - identisch.

Bsp.

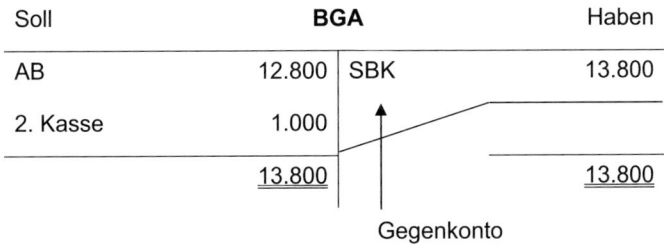

Der Buchungssatz zur Verbuchung des Saldos lautet: **SBK an BGA 13.800**.

---

[5] Es gibt ebenfalls ein Eröffnungsbilanzkonto, welches aus didaktischen Gründen an dieser Stelle jedoch nicht thematisiert wird.

Aufgabe 17

Ermitteln Sie die Schlussbestände für die Konten Fuhrpark und Kasse und schließen Sie die Konten ordnungsgemäß ab.

Aufgabe 18

Bilden Sie auf Grundlage der zuvor ermittelten Schlussbestände die Buchungssätze für die Abschlussbuchungen der beiden Konten.

Aufgabe 19

Der Schlussbestand steht grundsätzlich auf der gegenüberliegenden Seite des Anfangsbestands. Erklären Sie, weshalb dies beim Konto Bank nicht so sein muss.

1.4 Erfolgskonten

Alle bisherigen Buchungen auf den Bestandskonten haben das Eigenkapital nicht verändert. Das Ziel eines Unternehmens ist es jedoch, Gewinne zu erwirtschaften. Ein positiver Erfolg - ein Gewinn - erhöht das Eigenkapital, ein negativer Erfolg - ein Verlust - reduziert das Eigenkapital. Im Laufe des Geschäftsjahres gibt es viele Vorgänge, die den Erfolg eines Unternehmens beeinflussen. Diese Vorgänge werden auf **Erfolgskonten** festgehalten, die teilen sich in **Ertrags-** und **Aufwandskonten** auf. Erfolgskonten haben im Gegensatz zu Bestandskonten keinen Anfangsbestand.

Abbildung 3 Übersicht Kontenarten

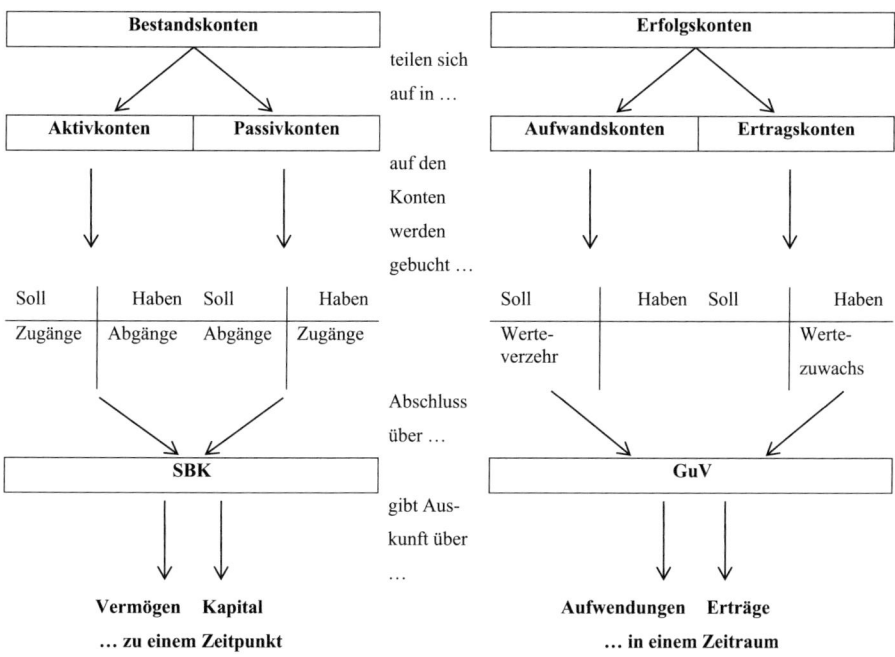

Quelle: In Anlehnung an Jossé, German: Buchführung - aber locker!, S. 38.

Aufwendungen stellen den Input an Produktionsfaktoren (Produktionsfaktoren sind: Boden, Arbeit, Kapital) dar, also den Werteverzehr an Gütern und Dienstleistungen. Beispielsweise das Zahlen von Löhnen oder das Reparieren einer Maschine. Aufwendungen mindern das Eigenkapital.

Erträge stellen das Gegenteil dar, nämlich einen Wertzuwachs. Hierzu gehören beispielsweise Provisionen und Mieteinnahmen. Erträge mehren das Eigenkapital.

Die Betrachtung der betrieblichen Hauptfunktionsbereiche und deren Güterströme verdeutlicht den Zusammenhang: Produktionsfaktoren (= Aufwand) werden gebündelt und ge- oder verbraucht, um damit ein neues Produkt (= Ertrag) zu schaffen.

Abbildung 4 Zusammenhang Aufwendungen und Erträge

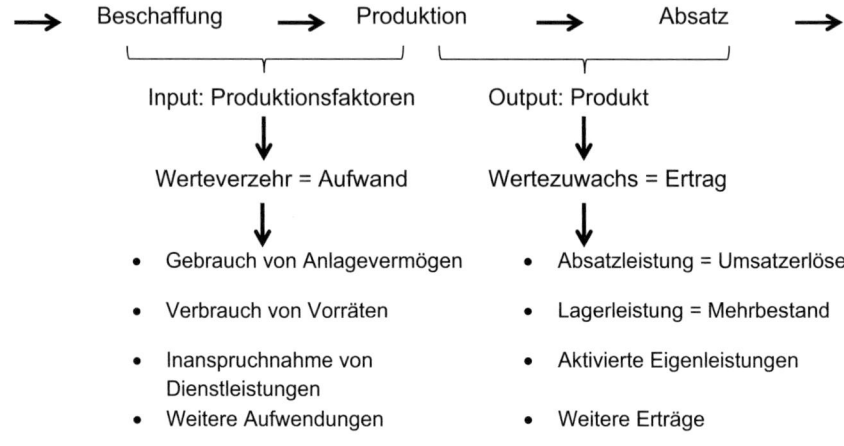

Quelle: In Anlehnung an Jossé, German: Buchführung - aber locker!, S. 39.

Während des Geschäftsjahres werden die Geschäftsvorfälle analog zum Vorgehen bei Bestandskonten auf entsprechenden Konten (z.B. Lohnaufwand, Mietaufwand, Zinsaufwand bzw. Zinserträge, Provisionserlöse, Umsatzerlöse) gebucht.

Bilden Sie die Buchungssätze für die folgenden Geschäftsvorfälle.

Aufgabe 20
Bezahlung von Löhnen über unser Bankkonto i.H.v. 10.000€. (Geschäftsvorfall 6)

Aufgabe 21
Überlassung eines Zeitarbeitnehmers an einen Kunden (Konto Umsatzerlöse), der hierfür eine Rechnung über 5.000€ erhält.[6] (Geschäftsvorfall 7)

Aufgabe 22
Erhalt einer Rechnung über 400€ für die Reparatur des Kopierers.
(Geschäftsvorfall 8)

---

[6] Eigentlich müsste hier noch die Umsatzsteuer berücksichtigt werden. Aus didaktischen Gründen wird die Umsatzsteuer an dieser Stelle vernachlässigt.

Aufgabe 23

Aus der erfolgreichen Vermittlung eines Mitarbeiters an einen Kunden (Konto Vermittlungsprovision) erhalten wir eine Überweisung auf unser Bankkonto i.H.v. 15.000€. (Geschäftsvorfall 9)

Aufgabe 24

Halten Sie die Geschäftsvorfälle auf den entsprechenden Erfolgskonten fest. Die Veränderungen auf den Bestandskonten (Bank, Ford. LL etc.) brauchen Sie an dieser Stelle nicht festzuhalten.

Am Ende des Geschäftsjahres müssen auch die Erfolgskonten abgeschlossen werden. Aus Gründen der besseren Übersicht werden die Salden zunächst auf ein spezielles Sammelkonto gebucht: das **Gewinn- und Verlustkonto** (GuV-Konto). Auf diesem werden sämtliche Aufwendungen und Erträge gesammelt. Das GuV-Konto ist ein Unterkonto des Kontos Eigenkapital, das auf der Passivseite der Bilanz steht. Folglich werden Minderungen auf der Soll-Seite und Mehrungen des Eigenkapitals auf der Haben-Seite gebucht.

Aufgabe 25

Bilden Sie die Buchungssätze für den Abschluss der einzelnen Erfolgskonten über das GuV-Konto.

Aufgabe 26

Übertragen Sie die vorgenommenen Abschlussbuchungen in das GuV-Konto.

S	GuV	H

Nachdem alle Ertragskonten über GuV abgeschlossen sind, wird der Saldo gebildet und das GuV-Konto über das Konto **Eigenkapital** (EK) abgeschlossen.

Sind die Erträge größer als die Aufwendungen, wurde ein Gewinn erwirtschaftet, d.h. das Eigenkapital des Unternehmens nimmt zu. Sind die Aufwendungen größer als die Erträge, wurde ein Verlust erwirtschaftet, d.h. das Eigenkapital nimmt ab. Somit sind zwei Abschlussbuchungen für das Konto GuV möglich:

- GuV an Eigenkapital (bei Gewinn)
- Eigenkapital an GuV (bei Verlust)

Aufgabe 27

Ermitteln Sie den Saldo für das obige GuV-Konto und schließen Sie das Konto GuV über das Konto Eigenkapital ab. Geben Sie des Weiteren an, ob das Unternehmen im Geschäftsjahr einen Gewinn oder einen Verlust erwirtschaftet hat.

Aufgabe 28

Erstellen Sie auf Basis der Geschäftsvorfälle 1 bis 9 die Abschlussbilanz für die *Prozeit GmbH*. Beachten Sie, dass Sie hierfür nun auch die Veränderungen auf den Bestandskonten der Geschäftsvorfälle 6 bis 9 berücksichtigen müssen.

Die nachfolgende Abbildung visualisiert die Zusammenhänge zwischen den einzelnen Konten und zeigt auf, wie diese abgeschlossen werden.

Abbildung 5 Von der Eröffnungsbilanz zur Schlussbilanz

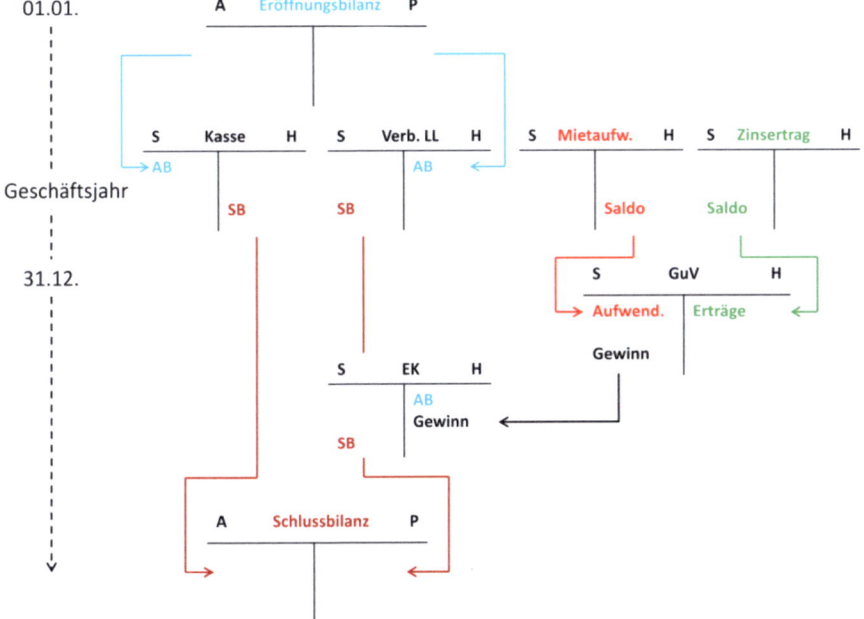

Weitere Übungsaufgaben

Hinweis: Die nachfolgenden Übungsaufgaben beziehen sich nicht auf die *Prozeit GmbH*, sondern auf ein anderes Personaldienstleistungsunternehmen.[7]

Sie haben die folgenden ungeordneten (!) Inventurbestände einer Großhandlung vorliegen (alle Angaben in T€): Hypotheken (90), Bankguthaben (45), Forderungen an Firma Schulz (17), Forderungen an Firma Schmitt (33), Fuhrpark (82), Darlehen (72), Verbindlichkeiten gegenüber Firma Müller (15), Verbindlichkeiten gegenüber Firma Meier (14), Grundstücke (80), Kasse (5), BGA (25), Geschäftsgebäude (110).

Aufgabe 29
1. Erstellen Sie die Bilanz.
2. Ermitteln Sie das Eigenkapital.

---

[7] Die Aufgaben orientieren sich an Übungsaufgaben in Jossé: Buchführung aber locker!, S. 59f. Dort finden Sie noch viele weitere Übungsaufgaben.

Aufgabe 30

Erläutern Sie, welche Konten durch die folgenden Geschäftsvorfälle betroffen sind, um was für eine Art Konten es sich hierbei handelt und wie sich dadurch die Bilanz verändert.
1. Kauf eines Monitors gegen Barzahlung.
2. Zielkauf eines PKW.
3. Überweisung der Eingangsrechnung des PKW-Händlers.
4. Zum Ausgleich einer Lieferantenrechnung nehmen Sie ein Darlehen auf.

Aufgabe 31

Bilden Sie die Buchungssätze zu den Geschäftsvorfällen der vorangegangenen Aufgabe.

Aufgabe 32

Zur Vertiefung gleich nochmals: Bilden Sie die Buchungssätze zu folgenden Geschäftsvorfällen.
1. Sie überweisen Ihren internen und externen Angestellten Lohn.
2. Überlassung eines Mitarbeiters (Konto *Umsatzerlöse*) auf Rechnung.
3. Abschluss des GuV-Kontos mit Verlust.
4. Abschluss des Kontos Gebäude.

Aufgabe 33

Jetzt umgekehrt: Sie sehen folgende Buchungssätze. Erklären Sie kurz, welche Geschäftsvorfälle diesen Buchungssätzen zugrunde liegen.
1. Bank an Zinserträge
2. Forderungen LL an Umsatzerlöse
3. Mietaufwendungen an Bank
4. Verbindlichkeiten LL an Bank
5. SBK an BGA
6. Bank und Kasse an Fuhrpark
7. GuV an EK

1.5 Abschreibungen

Anlagegüter wie z.B. Gebäude, Büromöbel, Computer, Kopierer, Autos etc. fließen als Produktionsfaktoren in den Prozess der betrieblichen Leistungserstellung ein und verlieren nach und nach an Wert. Dieser Wertverlust wird als Abschreibung[8] (= Aufwand) bezeichnet.

Für den Wertverlust gibt es verschiedene **Gründe**:
- Abnutzung
- Wirtschaftliche Ursachen wie technischen Fortschritt
- Außergewöhnliche Ereignisse wie Brand oder ein Unfall

Da Anlagegüter einem Unternehmen längerfristig zur Verfügung stehen und damit Jahr für Jahr an Wert verlieren, dürfen diese planmäßig abgeschrieben werden. Dies gilt für:
- bewegliche Güter des Anlagevermögens (z.B. PC, Fuhrpark)
- Gebäude
- käuflich erworbene immaterielle Anlagegüter wie z.B. Softwarelizenzen.

Nicht abnutzbares Anlagevermögen wie Grundstücke, Beteiligungen oder langfristige Forderungen dürfen nicht planmäßig abgeschrieben werden, sondern lediglich außerplanmäßig.

Für die Abschreibung gibt es eine Reihe von Methoden. Wir beschränken uns an dieser Stelle auf die lineare sowie die geometrisch-degressive Abschreibung. Letztere wird vom Gesetzgeber aus wirtschaftspolitischen Gründen zeitweise steuerrechtlich erlaubt und dann wieder ausgesetzt.

1.5.1 Lineare Abschreibung

Bei der linearen Abschreibung wird der jährliche Abschreibungsbetrag ermittelt, indem die Anschaffungskosten gleichmäßig auf die Nutzungsdauer verteilt werden. Beispiel: Ein für 1.000€ netto (d.h. ohne Mehrwertsteuer, diese muss herausgerechnet werden und darf nicht mit abgeschrieben werden) angeschaffter Schreibtisch hat

---

[8] Gemeint sind an dieser Stelle Abschreibungen auf Anlagegüter. Weitere Abschreibungen sind beispielsweise Abschreibungen auf Vorräte oder auf Forderungen.

eine gewöhnliche Nutzungsdauer von zehn Jahren. Die jährliche Abschreibung beträgt somit 100€ (1.000€ / 10 Jahre).

Aufgabe 34
Ihr Unternehmen kauft am 1.1.2012 für 714 € (einschließlich MwSt.) einen PC. Die Nutzungsdauer beträgt drei Jahre. Erklären Sie, weshalb der Wertansatz am Anfang des ersten Jahres lediglich 600€ beträgt.

Aufgabe 35
Vervollständigen Sie die nachstehende Tabelle.

Jahr	Wert am Anfang des Geschäftsjahres	Abschreibung	Wert am Ende des Geschäftsjahres
2012	600 €		
2013			
2014			

Aufgabe 36
Skizzieren[9] Sie den Verlauf der Wertentwicklung des PCs.

Beachte
Im Jahr der Anschaffung erfolgt eine **zeitanteilige monatsgenaue Abschreibung**. Der Monat der Anschaffung wird hierbei mitgerechnet. Bsp.: Kauf eines Gutes im März bedeutet, dass im ersten Jahr zeitanteilig zehn Monate abgeschrieben werden.

Aufgabe 37
Ein Auto wird am 15. November angeschafft. Der Kaufpreis beträgt 36.000€ zzgl. MwSt. Die betriebsgewöhnliche Nutzungsdauer beträgt 6 Jahre. Ermitteln Sie die Höhe der Abschreibung für das Anschaffungsjahr.

Aufgabe 38
Erklären Sie, welche Auswirkung eine Abschreibung auf den Gewinn hat.

---

[9] „Skizzieren" bedeutet, dass Sie nicht maßstabsgetreu zeichnen müssen.

1.5.2 Degressive Abschreibung

Die degressive Abschreibung kann nur für bewegliche Anlagegüter in Anspruch genommen werden. Dabei wird im ersten Jahr ein bestimmter Prozentsatz von den Anschaffungskosten, in den Folgejahren vom Buchwert abgeschrieben. Die degressive Abschreibung trägt der Tatsache Rechnung, dass bestimmte Güter in den ersten Jahren nach der Anschaffung überproportional an Wert verlieren.

Beispiel: Ihr Unternehmen hat am 1.1.2010 einen PKW für netto 30.000€ gekauft. Wir unterstellen eine Nutzungsdauer von 6 Jahren. Der degressive Abschreibungssatz betrug 2010 das 2,5-Fache des linearen Satzes, maximal jedoch 25%[10].

Vorgehen: Zunächst wird der degressive Abschreibungssatz ermittelt. Der lineare Satz beträgt 16,67% (100% / 6 Jahre), der degressive Satz demzufolge 25%, da 16,67% * 2,5 = 41,68%, maximal jedoch 25% zulässig waren.

Aufgabe 39

Berechnen Sie die fehlenden Werte.

Jahr	Wert am **Anfang** des Geschäftsjahres	**Abschreibung** (25% vom Buchwert)	Wert am **Ende** des Geschäftsjahres
2010	30.000 €	7.500 €	22.500 €
2011	22.500 €		
2012			
2013			
2014			
2015			5.339 €

---

[10] Die degressive Abschreibung wurde zum 1.1.2011 wieder ausgesetzt. Zuvor angeschaffte und degressiv abgeschriebene Güter genießen Bestandsschutz und dürfen weiterhin degressiv abgeschrieben werden.

Aufgabe 40

Skizzieren Sie den Verlauf der Wertentwicklung des Autos.

Der Buchwert eines Gutes bei einer degressiven Abschreibung wird nie null. Daher wird in der Praxis zunächst degressiv abgeschrieben und dann zur linearen Abschreibung gewechselt.

1.6 Gewinn- und Verlustrechnung

In der Gewinn- und Verlustrechnung (GuV) werden <u>sämtliche Aufwendungen und Erträge einer gesamten Periode erfasst und gegenübergestellt</u>, um so den Erfolg des Unternehmens im Abschlussjahr zu ermitteln. Die GuV zeigt hierbei die Quellen des Erfolgs an, indem die Aufwendungen und Erträge einzeln aufgelistet werden. Die GuV kann von Personengesellschaften (z.B. OHG, KG) in <u>Kontoform</u> (s. GuV-Konto) dargestellt werden, während Kapitalgesellschaften (z.B. GmbH, AG) die <u>Staffelform</u> nutzen müssen.

Eine GuV in <u>Staffelform</u> nach dem Gesamtkostenverfahren (§ 275 (2) HGB) sieht folgendermaßen aus:

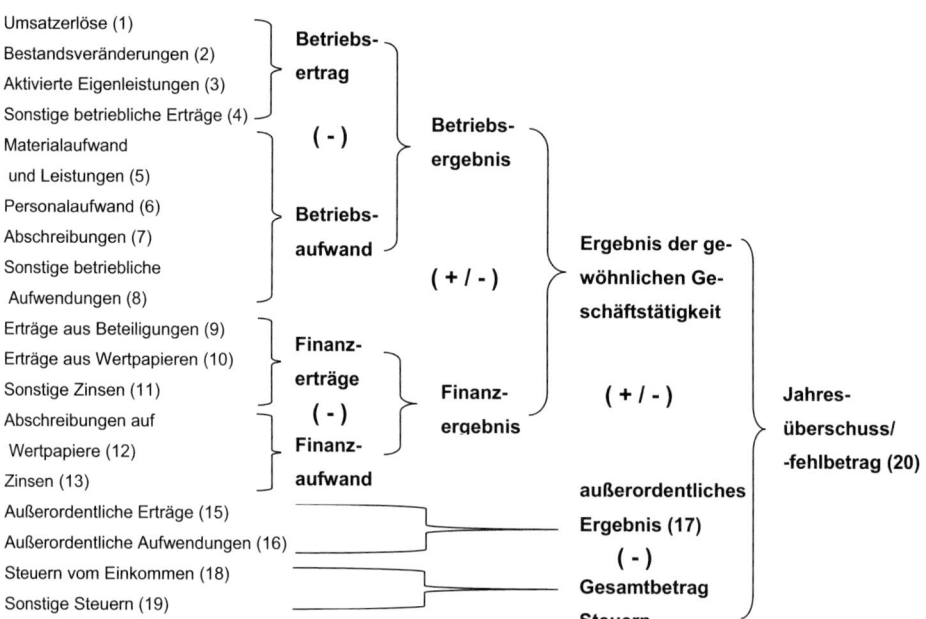

Die oben dargestellte GuV in Staffelform ist sehr umfassend und enthält einige Punkte, denen in der Personaldienstleistungsbranche lediglich eine untergeordnete Rolle zukommt. Im Folgenden wird eine vereinfachte Möglichkeit zur Gewinnermittlung eines Personaldienstleistungsunternehmens vorgestellt.[11]

Erträge

Umsatzerlöse (aus Arbeitnehmerüberlassung)

+ Provisionen (aus Arbeitnehmervermittlung)

+ sonstige Einnahmen

+ erbrachte, aber noch nicht abgerechnete Leistungen

= **Gesamtertrag**

Aufwendungen

Personalaufwand (incl. aller Nebenkosten und Abgaben)

+ KfZ-Aufwendungen

+ Büro- und Verwaltungsaufwendungen (z.B. Telefon, Porto, ...)

+ Mieten (incl. Nebenkosten)

+ Versicherungen

+ Werbe- und Reisekosten (incl. Bewirtungsaufwand)

+ Güter bis zu einem Anschaffungswert von 400€ netto

+ Finanzierungskosten

+ erhaltene, aber noch nicht bezahlte Leistungen

+ anteilige Abschreibungen

+ kalkulatorische Kosten (bspw. Unternehmerlohn, Miete)

= **Gesamtaufwand**

Der **Erfolg** lässt sich nun ermittelten, indem von den Gesamterträgen die Gesamtaufwendungen subtrahiert werden:

Gesamtertrag

- Gesamtaufwendungen

= Erfolg (Gewinn oder Verlust)

---

[11] Das Thema Gewinn- und Verlustrechnung wird im 3. Kapitel in Verbindung mit betrieblichen Kennzahlen nochmals aufgegriffen. Zudem finden sich dort weitere Übungen zur Erfolgsermittlung.

Situation

Ein Personaldienstleistungsunternehmen erzielte Umsatzerlöse aus der Überlassung von Zeitarbeitnehmern in Höhe von 1.500.000€. Zudem konnten 5 Mitarbeiter erfolgreich vermittelt werden. Die durchschnittliche Vergütung betrug 7.000€.
Den Erlösen standen Personalkosten für interne und externe Mitarbeiter einschließlich Sozialabgaben in Höhe von 85% der Umsatzerlöse für die überlassenen Mitarbeiter gegenüber. Weiter sind für das Büro und den Fuhrpark zusammen 75.000€ angefallen. Die Bank hat für einen Kredit 20.000€ Zinsen berechnet. Die Werbeaufwendungen betrugen 7% der Gesamterlöse. Die Abschreibungen betrugen 5.000€

Aufgabe 41

Berechnen Sie den Erfolg des Unternehmens.

Aufgabe 42

Eine Möglichkeit den Gewinn eines Unternehmens zu ermitteln ist die GuV-Rechnung. Nennen Sie eine weitere Möglichkeit, wie Sie den Jahresgewinn eines Unternehmens ermitteln können.

Aufgabe 43

Entwerfen Sie in Partnerarbeit in Word und Excel eine Übungsaufgabe zur Berechnung des Erfolgs eines Unternehmens samt Musterlösung.

2 Kosten- und Leistungsrechnung

Unter Kosten versteht man den wertmäßigen Verzehr von Produktionsfaktoren zur Erstellung und Verwertung <u>betrieblicher</u> Leistungen und zur Sicherung der dafür notwendigen Kapazitäten.[12] Die Kosten- und Leistungsrechnung (KLR) richtet ihr Augenmerk folglich ausschließlich auf die betrieblichen Aufwendungen (= Kosten) sowie die betrieblichen Erträge (= Leistungen). Aufwendungen und Erträge, die

- o nicht betriebsbedingt (z.B. Gewinne aus einer Aktienspekulation eines PDL-Unternehmens) oder
- o periodenfremd (z.B. Steuernachzahlung für das vorangegangene Jahr) oder
- o außerordentlich (z.B. Eingang einer bereits abgeschriebenen Forderung) sind,

fließen lediglich in die Buchführung ein, nicht jedoch in die KLR.

Abgrenzung Buchführung und Kosten- und Leistungsrechnung

	Buchführung	**KLR**
	= externes Rechnungswesen	= internes Rechnungswesen
Adressaten	Aktionäre, Banken, Finanzamt (= extern)	Geschäftsführung, Mitarbeiter (= intern)
Begriffe	Aufwand, Ertrag, Jahresüberschuss	Kosten, Leistungen, Betriebsergebnis
Ziel	Ermittlung Jahresabschluss Grundlage für Besteuerung	Ermittlung Betriebsergebnis Grundlage für Kalkulation und Kontrolle der Wirtschaftlichkeit
Ermittlung	Erträge - Aufwendungen = Jahresüberschuss	Leistungen (betriebl. Erträge) - Kosten (betriebl. Aufwend.) = Betriebsergebnis

Die Buchführung unterliegt bei der Ermittlung des Jahresüberschusses gesetzlichen Vorschriften wie bspw. dem HGB und Steuergesetzen. Bei der Ermittlung des Betriebsergebnisses der KLR unterliegt das Unternehmen hingegen keinen gesetzli-

---

[12] Für das zweite Kapitel wurde auf folgende Literatur zurückgegriffen: Olfert, Klaus: Kostenrechnung. Ludwigshafen 2003; Rechnungswesen verstehen: http://www.rechnungswesen-verstehen.de/kostentraegerrechnung/nachkalkulation.php; Speth, H./Waltermann, A./ Kaiser, A.: Kaufmännische Steuerung und Kontrolle für das Berufskolleg I. Rinteln 2011.

chen Vorschriften. So kann bspw. ein Gut intern degressiv abgeschrieben werden, obwohl dies steuerrechtlich gegenwärtig nicht gestattet ist.

Die Kostenrechnung bedient sich je nach angestrebtem Ziel verschiedener Abrechnungssysteme, die sich
1. nach der Art der Kostenverrechnung auf die Kostenträger sowie
2. nach der zeitlichen Erfassung und Bewertung der Kosten unterscheiden lassen.

Nach der Art der Kostenverrechnung unterscheidet man weiter:
- Die **Vollkostenrechnung**, deren Ziel es ist, alle innerhalb einer Abrechnungsperiode angefallenen Kosten den Kostenträgern zuzurechnen. Es wird angestrebt, die Kosten über einen zumindest kostendeckenden Verkaufspreis wieder zu erwirtschaften. Die Vollkostenrechnung wird v.a. für langfristige Entscheidungen herangezogen.
- Die **Teilkostenrechnung** (Deckungsbeitragsrechnung) geht vom erzielbaren Marktpreis aus und zieht hiervon zunächst die Kosten ab, die direkt mit der Beschaffung, der Produktion und dem Absatz zusammenhängen – die variablen Kosten. Ein verbleibender Ertragsüberschuss (Deckungsbeitrag) dient dann dazu, die Kosten, die unabhängig von einem einzelnen Auftrag anfallen, abzudecken – die Fixkosten. Die Teilkostenrechnung wird v.a. für kurzfristige Entscheidungen genutzt.
- Die **Prozesskostenrechnung**, die auf der Überlegung basiert, dass Tätigkeiten Gemeinkosten verursachen. Zusammengehörende Tätigkeiten werden zu Prozessen zusammengefasst. Um diese Prozesse organisatorisch erfassen zu können, gehen große Unternehmen vermehrt dazu über, ihre funktionsorientierte (aufgabenorientierte) Unternehmensorganisation auf eine prozessorientierte Organisation umzustellen.

Bei der zeitlichen Erfassung und Bewertung der Kosten unterscheidet man:
- Die **Normalkostenrechnung**, bei der auf Basis von Erfahrungs- und Schätzwerten ein Angebot erstellt wird (Vorkalkulation).
- Die **Ist-Kostenrechnung**, die die tatsächlichen Kosten einer Rechnungsperiode erfasst. Sie eignet sich für die Nachkalkulation eines Auftrags und dient u.a.
  - der genauen Erfassung der tatsächlich entstandenen Kosten,
  - der Kontrolle der Kosten durch Analyse der Abweichungen zwischen Vor- und Nachkalkulation.

Im Folgenden liegt das Augenmerk auf der Deckungsbeitragsrechnung sowie der Angebotskalkulation und der Nachkalkulation eines abgewickelten Auftrags. Zunächst werden fixe und variable Kosten sowie Einzel- und Gemeinkosten thematisiert, deren Unterscheidung für die Erfassung der Kosten und die Preissetzung grundlegend ist.

2.1 Fixe und variable Kosten

Fixe Kosten (Fixkosten) sind in einer bestimmten Zeitperiode konstant und unabhängig von der Produktions- bzw. Absatzmenge. Beispiel: Die Produktionsmenge wird von 100 Stück auf 120 Stück erhöht. Der Materialeinsatz erhöht sich (variable Kosten), die Kosten für die Maschine erhöhen sich dagegen nicht.

Erhöhen sich die Kosten ab einer bestimmten Mehrmenge (z.B. alle 100 Stück), wird von sprungfixen Kosten gesprochen. Beispiel: Die Produktionsmenge wird von 100 Stück auf 120 Stück erhöht. Die Maschine hat jedoch nur eine Kapazität von 110 Stück. Eine zweite Maschine muss angeschafft werden.

Variable Kosten verändern sich bei Änderung der Produktions- bzw. Absatzmenge (Ausbringungsmenge). Sie sind damit mengenabhängige Kosten. Die Veränderung der Kosten kann in Abhängigkeit zur Ausbringungsmenge wie folgt aussehen:
- unterproportional: Mit jedem Stück zusätzlicher Produktionsmenge vermindern sich die variablen Kosten pro Stück, bspw. durch den Erhalt eines Mengenrabatts bei Rohstoffen.
- proportional: Mit jedem Stück mehr Produktionsmenge erhöhen sich die variablen Kosten im gleichen Verhältnis (Stückkosten bleiben gleich).

- **überproportional**: Mit jedem Stück zusätzlicher Produktionsmenge erhöhen sich die variablen Kosten pro Stück überproportional, bspw. weil Überstundenzuschläge gezahlt werden müssen.

Aufgabe 44

Skizzieren Sie in einem Kosten-Mengen-Diagramm den Verlauf proportionaler, überproportionaler sowie unterproportionaler variabler Kosten.

Die folgende Abbildung skizziert den Verlauf der fixen, der variablen sowie der gesamten Kosten in Abhängigkeit der produzierten Menge.

Abbildung 6 Kosten

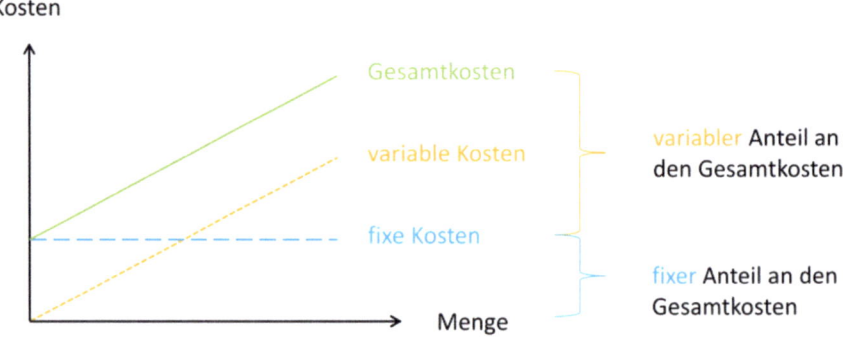

Quelle: In Anlehnung an
http://www.controllingportal.de/upload/old/bilder/fachartikel/fixe_varible_Kosten.jpg.

Variable und fixe Kosten können sowohl hinsichtlich ihres Anteils an den Gesamtkosten als auch hinsichtlich ihres Anteils an den Stückkosten analysiert werden. Um eine eindeutige Zuordnung zu erzielen, haben sich folgende Bezeichnungen eingebürgert:

	pro Stück [kleines „k"]	gesamt [großes „K"]
variable Kosten	k_v	K_v
fixe Kosten	k_f	K_f
Gesamtkosten	k_g	K_g

Situation

Die Herstellung eines Computers kostet pro Stück 100€. Zudem ist eine Maschine erforderlich, deren Anschaffungskosten bei 2.000€ liegen.

Aufgabe 45

Vervollständigen Sie die nachstehende Tabelle.

Produktionsmenge	pro Stück			insgesamt		
	k_v	k_f	k_g	K_v	K_f	K_g
1						
5						
10						

Aufgabe 46

Zeichnen Sie (d.h. <u>exaktes</u> Zeichnen) die Kostenverläufe in der Betrachtung pro Stück (k_v, k_f, k_g) sowie in der Gesamtbetrachtung (K_v, K_f, K_g) jeweils in ein Diagramm. Nutzen Sie unterschiedliche Farben für variable, fixe sowie die gesamten Kosten.

Aufgabe 47

Welche variablen und welche fixen Kosten fallen in Ihrem Ausbildungsbetrieb an? Notieren Sie nachstehend jeweils drei Kosten.

Variable Kosten	Fixe Kosten

Aufgabe 48

Häufig werden Unternehmenszusammenschlüsse damit begründet, dass Kosten eingespart werden. Trifft dies in erster Linie auf die fixen oder die variablen Kosten zu? Begründen Sie Ihre Antwort kurz.

2.2 Einzel- und Gemeinkosten

Einzelkosten sind einem Auftrag direkt zuordenbar. Im Personaldienstleistungsbereich sind dies beispielsweise Verpflegungsmehraufwand und Fahrtkosten externer Mitarbeiter oder eine spezielle Schutzausrüstung für einen bestimmten Kundeneinsatz[13]. **Gemeinkosten** sind im Gegensatz zu den Einzelkosten einem Auftrag nicht direkt zurechenbar, sie fallen für eine Vielzahl von Aufträgen gemeinsam an. Fixkosten sind stets Gemeinkosten, aber nicht alle Gemeinkosten sind Fixkosten. Beispielsweise Stromkosten: Diese sind einem Produkt nicht direkt zurechenbar, sind folglich Gemeinkosten, haben aber sowohl einen fixen Anteil (Grundgebühr) als auch einen variablen Anteil (Kilowattstunden). Je nach Entstehungsbereich wird in Material-, Fertigungs-, Verwaltungs- und Vertriebsgemeinkosten unterschieden.

Aufgabe 49

Nennen Sie Gemeinkosten, die in Ihrem Unternehmen anfallen.

2.3 Deckungsbeitragsrechnung

Die (einstufige) Deckungsbeitragsrechnung trennt die fixen und variablen Kosten. Hierdurch können u.a. folgende betriebliche Fragen beantwortet werden:
- Wann ist die Gewinnschwelle erreicht (Gewinnschwellen-Analyse)?
- Welchen Preis muss ich mindestens verlangen (Preisuntergrenze)?
- Lohnt sich die Annahme von Zusatzaufträgen?

Der Deckungsbeitrag bei der einstufigen Deckungsbeitragsrechnung ist folgendermaßen definiert:

DB = Erlös - variable Kosten bzw. bei der Pro-Stück-Betrachtung

db = Erlös pro Stück - variable Stückkosten.

---

[13] Sind die externen Mitarbeiter zu 100% ausgelastet, können auch die Lohnkosten für die Zeitarbeitnehmer direkt einem Auftrag zugerechnet werden und stellen somit Einzelkosten dar.

2.3.1 Gewinnschwellen-Analyse

Die Gewinnschwellen-Analyse dient insbesondere der Ermittlung der Gewinnschwelle (oder auch: Nutzschwelle, kritische Menge, Deckungspunkt, Break-even-Point) sowie der Planung des Gewinns. Für die Analyse werden folgende <u>Annahmen</u> getroffen:

- gleichbleibende fixe Kosten
- konstante Preise
- keine Lagerbildung
- linearer Gesamtkostenverlauf
- konstantes Leistungsprogramm

Aufgabe 50

Beurteilen Sie, ob diese Annahmen realistisch sind.

Abbildung 7 Kosten- und Erlöskurve

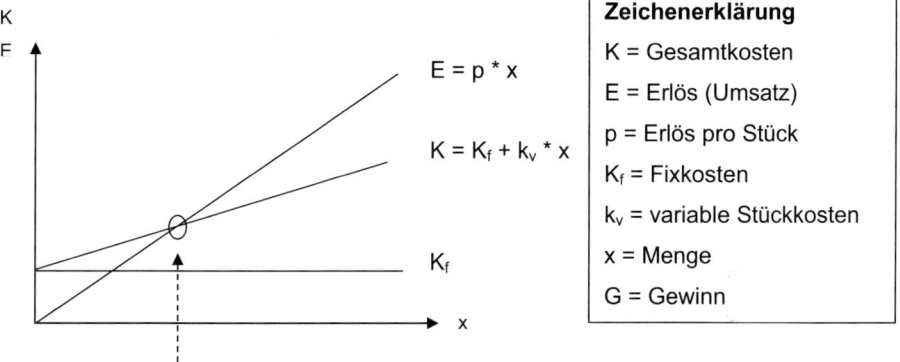

Die **Gewinnschwelle** liegt im <u>Schnittpunkt der Erlös- und der Kostenkurve</u>. Mit dem Erreichen der Gewinnschwelle werden die gesamten Kosten gerade gedeckt, der Gewinn ist in diesem Punkt null.

Rechnerisch kann die Gewinnschwelle (bei einem Einprodukt-Unternehmen) folgendermaßen ermittelt werden.

	Erklärung
G = E - K	an der Gewinnschwelle ist der Gewinn null, d.h. die Erlöse reichen gerade aus, um die variablen sowie die fixen Kosten zu decken.
0 = E - K	+ K
E = K	Für E (p * x) und für K ($K_f + k_v * x$) einsetzen
p * x = $K_f + k_v * x$	Auflösung nach K_f
K_f = p * x - k_v * x	Ausklammern von x
K_f = x (p - k_v)	Geteilt durch (p - k_v)
x = K_f / (p - k_v)	Die Gewinnschwelle lässt sich folglich errechnen, indem man die Fixkosten durch die Differenz aus dem Stückpreis und den variablen Stückkosten dividiert.
x = K_f / db	Alternativ, da (p - k_v) dem Stückdeckungsbeitrag db entspricht, lässt sich die Gewinnschwelle auch errechnen, indem man die Fixkosten durch den Stückdeckungsbeitrag dividiert.

Aufgabe 51

Ein Unternehmen stellt ein Produkt her, dessen variablen Stückkosten 52,50 € betragen. Die Fixkosten pro Periode belaufen sich auf 312.000 €, der Verkaufspreis beträgt 114,90 €. Berechnen Sie den Deckungsbeitrag pro Stück.

Aufgabe 52

Berechnen Sie, wie viele Güter das Unternehmen verkaufen muss, um keinen Verlust zu machen (Gewinnschwelle).

2.3.2 Planung des Gewinns

Im Rahmen der Gewinnschwellen-Analyse ist es zudem möglich, die Absatzmenge zu errechnen, die zur Erreichung eines bestimmten geplanten Gewinns notwendig ist. Bei einem Einprodukt-Unternehmen geschieht dies dadurch, dass in die Gleichung zur Errechnung der Gewinnschwelle der geplante Gewinn den Fixkosten hinzugerechnet wird.

$$DB = K_f + G$$

Rechnerisch ergibt sich die zur Erreichung des geplanten Gewinns benötigte verkaufte Menge folgendermaßen:

$$x = \frac{K_f + G}{db}$$

Abbildung 8 Gewinnschwelle

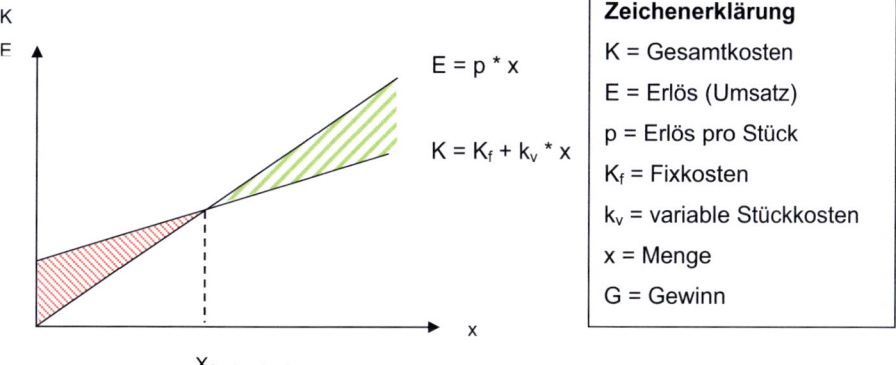

Links von $x_{Gewinnschwelle}$ (rot und klein schraffiert) macht das Unternehmen Verlust, die verkaufte Menge reicht nicht aus, um die Kosten zu decken. Recht von $x_{Gewinnschwelle}$ beginnt die Gewinnzone (grün und weit schraffiert), ab hier macht das Unternehmen einen Gewinn.

Aufgabe 53

Das bereits aus der vorherigen Aufgabe bekannte Unternehmen plant einen Gewinn von 62.400€. Weiterhin gilt: variable Stückkosten 52,50 €, Fixkosten 312.000 €, Verkaufspreis 114,90 €. Berechnen Sie die zur Erreichung des geplanten Gewinns nötige Absatzmenge.

Aufgabe 54

Sie kalkulieren 5.000 Stück Ihres Gutes abzusetzen. Ihre Fixkosten betragen 100.000€, ihre variablen Kosten 30€ pro Stück. Begründen Sie, welchen Preis Sie kurzfristig und welchen Preis Sie langfristig mindestens verlangen.

2.3.3 Zusatzaufträge

Zusatzaufträge sind Aufträge, die ein Unternehmen annimmt, das durch die aktuell gegebene Auftragslage nicht ausgelastet ist. Zusatzaufträge werden häufig zu Preisen angenommen, die unterhalb der gegenwärtig gültigen Verkaufspreise liegen.

Mit der Annahme von Zusatzaufträgen und der damit verbundenen Preisdifferenzierung will ein Unternehmen:

- das vorhandene Marktpotenzial zusätzlich ausschöpfen,
- nicht ausgelastete Fertigungsanlagen besser auslasten,
- den Periodenerfolg erhöhen.

Situation

Folgende Daten eines Unternehmens sind bekannt:

Variable Kosten:	80	€/Stück
Fixe Kosten:	100.000	€/Monat
Erlös: (= regulärer Verkaufspreis)	220	€/Stück
Fertigungs-/Absatzmenge:	800	Stück/Monat
Fertigungskapazität:	1.400	Stück/Monat

Dem Unternehmen liegt nun ein Angebot vor, 200 weitere Produkte zum Preis von 180 €/Stück abzusetzen.

Aufgabe 55

Belegen Sie rechnerisch, ob die Annahme des Zusatzauftrags betriebswirtschaftlich sinnvoll ist. Berechnen Sie hierzu zunächst den Gewinn ohne den Zusatzauftrag, dann den Gewinn mit Annahme des Zusatzauftrags.

2.4 Angebotskalkulation (Vorkalkulation)

Um einen Auftrag zu erhalten, ist es in der Praxis oft notwendig, ein Angebot mit verbindlichem Angebotspreis abzugeben.[14] Das Unternehmen ist dann gezwungen, den Preis zu kalkulieren. Bei dieser Vorkalkulation muss häufig mit voraussichtlichen Kosten (Normalkosten) gerechnet werden. Ausgehend von den Istkosten der Vergangenheit müssen daher alle bis zum Leistungsabschluss zu erwartenden Veränderungen einschließlich eines Risikozuschlags für nicht vorhersehbare Veränderungen einkalkuliert werden.

2.4.1 Ermittlung des Stundenverrechnungssatzes

Hierzu ist es im **ersten Schritt** notwendig, den Stundenverrechnungssatz zu berechnen. Um diesen zu erhalten, müssen zunächst die im Jahr im Unternehmen anfallenden Gesamtkosten ermittelt werden.

Aufgabe 56

Nennen Sie zehn Kosten, die in Ihrem Ausbildungsunternehmen anfallen.

---

[14] Die im Folgenden vorgestellte Vorwärtskalkulation richtet ihren Fokus auf eine Kalkulation im Personaldienstleistungsbereich. Die Angebotskalkulation ist laut Bildungsplan Inhalt in Lernfeld 9, wird aber aus didaktischen Gründen an diese Stelle vorgezogen. Rechtliche Aspekte des Auftragsprozesses werden weiterhin in Lernfeld 9 behandelt.

Im **zweiten Schritt** werden die fakturierfähigen Stunden pro Jahr ermittelt, d.h. die Stunden, die Kunden in Rechnung gestellt werden können. Dies kann nach folgendem Schema geschehen:

Berechnung der Arbeitstage pro Jahr

Tage pro Jahr
- Samstage und Sonntage
- Feiertage
- Urlaubstage
- Krankheitstage

= **tatsächliche Arbeitstage** (Anwesenheitstage)

Berechnung der fakturierfähigen Stunden

Arbeitsstunden pro Tag
* Anwesenheitstage
= Tatsächliche Arbeitsstunden im Jahr
* Anzahl der externen Mitarbeiter
* Auslastungsfaktor in Prozent[15]

= **fakturierfähige Stunden**

Im **dritten Schritt** wird der Stundenverrechnungssatz ermittelt, indem die Gesamtkosten pro Jahr durch die fakturierfähigen Stunden pro Jahr dividiert werden.

$$\text{Stundenverrechnungssatz} = \frac{Gesamtkosten}{fakturierfähige\ Stunden}$$

Es ist zu beachten, dass im bis dato ermittelten Stundenverrechnungssatz noch kein Gewinn enthalten ist. Dieser wird üblicherweise in Form eines Gewinnzuschlags auf den Stundenverrechnungssatz berücksichtigt.

---

[15] Der Auslastungsfaktor gibt an, wie viel Prozent der Zeit der externen Mitarbeiter auch Kunden in Rechnung gestellt werden können. Ein Auslastungsfaktor von 1 bedeutet, dass 100% der Stunden, die ein Zeitarbeitnehmer anwesend ist, auch Kunden in Rechnung gestellt werden können. Entsprechend bedeutet z.B. ein Wert von 0,95, dass 95% der Stunden fakturierfähig sind, 5% sind z.B. Leerlaufzeiten, in denen der Zeitarbeitnehmer nicht überlassen werden kann, da kein Auftrag vorliegt oder er geschult wird etc.

Aufgabe 57

Berechnen Sie die tatsächlichen Arbeitstage eines Mitarbeiters in einem Jahr, das kein Schaltjahr ist. Unterstellen Sie, dass es so viele Samstage und Sonntage pro Jahr gibt, wie das Jahr Wochen hat. Gehen Sie des Weiteren davon aus, dass der Arbeitnehmer den gesetzlichen Mindesturlaub nach § 3 BUrlG (basierend auf einer 5-Tage-Woche) erhält, es acht Feiertage gibt, die nicht auf einen Samstag oder Sonntag fallen, und der Arbeitnehmer im Durchschnitt zehn Tage pro Jahr krank ist.

Aufgabe 58

Berechnen Sie die Anzahl der fakturierfähigen Stunden eines PDL-Unternehmens, das im Jahresdurchschnitt 90 externe Mitarbeiter beschäftigt. Unterstellen Sie 225 Anwesenheitstage, an denen die Mitarbeiter sieben Stunden pro Tag anwesend sind. Die Mitarbeiter sind im Schnitt so ausgelastet, dass Sie 95% der von Ihnen bezahlten Arbeitszeit Kunden in Rechnung stellen können.

Aufgabe 59

Nehmen Sie an, dass das Unternehmen jährliche Gesamtkosten i.H.v. 3 Mio. € hat. Berechnen Sie den Stundenverrechnungssatz, den das Unternehmen im Durchschnitt erzielen muss, damit alle Kosten gedeckt sind. Runden Sie kaufmännisch.

Aufgabe 60

Nehmen Sie an, dass sich aufgrund einer konjunkturellen Eintrübung die durchschnittliche Überlassungsdauer der Zeitarbeitnehmer in einem Unternehmen reduziert. Erklären Sie, welche Auswirkung dies vermutlich auf die Anzahl der fakturierfähigen Stunden hat.

Aufgabe 61

Unterstellen Sie, dass sich aufgrund der gesunkenen durchschnittlichen Überlassungsdauer die Anzahl der Stunden erhöht, in der die externen Mitarbeiter nicht eingesetzt werden können. Die Auslastung beträgt nun nur noch 90%. Kalkulieren Sie den nun benötigten Stundenverrechnungssatz, um gerade kostendeckend zu arbeiten.

Aufgabe 62

Berechnen Sie, wie hoch der Gewinn des Unternehmens mit dem neuen Auslastungsfaktor von 0,9 ausfällt. Unterstellen Sie, dass das Unternehmen einen durchschnittlichen Stundenverrechnungssatz von 22,28€ erzielt.

Aufgabe 63

Ihrem Unternehmen wird eine neue Software angeboten, mit der Ihr Unternehmen Abläufe optimieren kann. Die erhöhte Produktivität würde dazu führen, dass sich die Auslastung von ursprünglich 95% auf nun 97% erhöht. Unterstellen Sie folgende Angaben:

- Gesamtkosten (ohne die Software): 3 Mio. €
- tatsächliche Anwesenheitsstunden pro Zeitarbeitnehmer im Jahr: 1.575 Stunden
- 90 Zeitarbeitnehmer
- Stundenverrechnungssatz von 22,28€

Die jährliche Gebühr für die Software beträgt 40.000€. Zeigen Sie rechnerisch, dass sich die Investition in die Software im aktuellen Geschäftsjahr betriebswirtschaftlich lohnt.

Aufgabe 64

In einer wissenschaftlichen Studie lesen Sie, dass die Einführung eines Gesundheitsmanagements - bestehend aus Informationskursen zur richtigen Ernährung, dem kostenfreien Bereitstellen von Obst für alle Mitarbeiter - den durchschnittlichen Krankenstand um einen Tag pro Zeitarbeitnehmer reduziert. Berechnen Sie auf Basis der Daten der Ausgangssituation[16], wie teuer das Gesundheitsmanagement pro Jahr sein darf, dass dessen Einführung betriebswirtschaftlich sinnvoll ist.

Aufgabe 65

Entwerfen Sie in Partnerarbeit in Word / Excel eine Übungsaufgabe zur Berechnung des Stundenverrechnungssatzes samt Musterlösung.

---

[16] 7 Arbeitsstunden pro Tag, 225 Anwesenheitstage pro Jahr, 90 Zeitarbeitnehmer, 95% Auslastung, 22,28€ Stundenverrechnungssatz und 3 Mio. € Kosten.

2.4.2 Ermittlung des Angebotspreises

Nachdem der Stundenverrechnungssatz ermittelt ist, kann der **Angebotspreis** für die Überlassung eines oder mehrerer Mitarbeiter kalkuliert werden. Dies kann nach folgendem Schema gemacht werden:

Anzahl der Stunden
* Stundenverrechnungssatz
= Lohnsumme
+ ggf. Materialkosten (z.B. besondere PSA für diesen Auftrag)
+ ggf. Sondereinzelkosten[17]
= Selbstkosten
+ Gewinnaufschlag
= netto Angebotspreis
+ Mehrwertsteuer (19%)

= brutto Angebotspreis

Aufgabe 66

Ein Kunde Ihres Ausbildungsunternehmens benötigt zwei Ihrer Mitarbeiter für vier Wochen à 5 Tage mit je 7 Stunden. Eine besondere Schutzausrüstung muss den Mitarbeitern nicht gestellt werden, auch fallen keine Sondereinzelkosten für diesen Auftrag an. Sie vereinbaren mit Ihrem Kunden einen Stundenverrechnungssatz von 21,50€. Kalkulieren Sie den Netto- sowie den Bruttoangebotspreis, unterstellen Sie dabei einen Gewinnaufschlag von 10%.

Aufgabe 67

Ihr Mitauszubildender fragt Sie: „Müssen wir bei der Berechnung des Angebotspreises nicht noch zusätzlich berücksichtigen, dass wir auch die internen Personalkosten und die Miete für das Büro bezahlen müssen?" Erklären Sie ihm, weshalb er sich irrt.

---

[17] Sondereinzelkosten sind Einzelkosten, die im Unterschied zu Fixkosten nur unregelmäßig und in unterschiedlicher Höhe anfallen, wie beispielsweise Provisionen.

Aufgabe 68

Nehmen Sie an, der Stundenverrechnungssatz i.H.v. 21,50€ setzt sich aus 80% variablen und 20% fixen Kosten zusammen. Ihre externen Mitarbeiter sind gerade nicht vollständig ausgelastet. Der Kunde lehnt den üblichen Stundenverrechnungssatz als zu hoch ab und bietet Ihnen stattdessen 18€ an. Begründen Sie, ob Sie das Angebot des Kunden annehmen und Ihren Mitarbeiter zum reduzierten Preis von 18€ pro Stunde überlassen.

Aufgabe 69

Unterstellen Sie, dass Sie das Angebot des Kunden annehmen und die Mitarbeiter für einen Stundenverrechnungssatz von 18€ überlassen. Erörtern Sie Vor- und Nachteile dieser Entscheidung.

Aufgabe 70

Ein besonders wichtiger Kunde beschwert sich, dass die von Ihrem Unternehmen überlassenen drei Mitarbeiter nicht die angeforderten Qualifikationen aufweisen. Der Kunde schickt die drei Mitarbeiter am Ende des ersten Arbeitstages nach sieben Stunden mit den Worten nach Hause, dass sie morgen nicht mehr kommen sollen. Gleichlautend informiert er Sie telefonisch hierüber und merkt an, dass er den Arbeitstag für die überlassenen Mitarbeiter nicht bezahlen will. Berechnen Sie die „Kosten", die Ihrem Unternehmen entstehen, wenn Sie auf eine Bezahlung der drei Mitarbeiter verzichten.

Aufgabe 71

Nehmen Sie an, Sie entsprechen der Forderung Ihres Top-Kunden und verzichten auf die Bezahlung der drei Mitarbeiter für diesen Tag. Zusammen mit einer anderen Rechnungskorrektur betragen Ihre „Kosten" aufgrund der Fehlbesetzung insgesamt 500€. Berechnen Sie, wie viele Stunden bzw. Tage Sie bei einem Stundenverrechnungssatz von 21,50€ verkaufen müssen, damit der damit erzielte Gewinn bei einem Gewinnzuschlag von 10% die Fehlbesetzungskosten ausgleicht.

Aufgabe 72

Entwerfen Sie in Partnerarbeit in Word / Excel eine Übungsaufgabe zur Berechnung des Angebotspreises samt Musterlösung.

Hinweis: Anregungen sowie eine Möglichkeit zur Überprüfung Ihrer Musterlösung finden Sie auf der Webseite des Bundesministeriums für Wirtschaft und Energie:

http://www.existenzgruender.de/imperia/md/content/pdf/publikationen/uebersichten/preiskalkulation_rechnungswesen/05_check.pdf.
Bei Aufruf über Einscannen des Barcodes: Den Punkt "Check: Berechnung des Stundenverrechnungssatzes" anwählen.

Situation

Ihr Ausbildungsunternehmen erhält eine Anfrage zur Überlassung eines Mitarbeiters. Der zu überlassende Mitarbeiter erhält einen Stundenlohn von 9,15€. Zusätzlich zum Arbeitgeberanteil an den Sozialversicherungen[18] kalkuliert Ihr Unternehmen mit sonstigen Lohnnebenkosten i.H.v. 70% des Stundenlohns sowie indirekten Kosten i.H.v. 20% des Stundenlohns.

Aufgabe 73

Berechnen Sie die Kosten, die Ihrem Unternehmen pro Stunde entstehen (Selbstkosten).

Aufgabe 74

Sie bieten dem Kunden einen Stundenverrechnungssatz von 20,50€ an. Berechnen Sie den Gewinnaufschlag in Prozent.

---

[18] Kalkulieren Sie pauschal mit 20%.

2.4.3 Branchenzuschläge

Seit November 2012 gelten für die Überlassung von Zeitarbeitnehmern in bestimmte Branchen Zuschläge, die zu einer (vollständigen) Angleichung der Löhne der überlassenen Arbeitnehmer an die Löhne der Stammbelegschaft führen. Die Höhe der Zuschläge steigt mit Dauer der Überlassung an. Je nach Branche variiert die Höhe der Zuschlagssätze in Abhängigkeit von der Entgeltgruppe. In der Metall- und Elektroindustrie sowie der Chemiebranche gelten beispielsweise folgende Sätze:

Dauer der Überlassung	Branche			
	Metall- u. Elektro	**Chemie**		
Nach…	EG 1-9	EG 1-2	EG 3-5	EG 6-9
der sechsten vollendeten Woche	15%	15%	10%	Kein Zuschlag
dem dritten vollendeten Monat	20%	20%	14%	
dem fünften vollenden Monat	30%	30%	21%	
dem siebten vollendeten Monat	45%	45%	31%	
dem neunten vollendeten Monat	50%	50%	35%	

Wird die Überlassung in einem Betrieb für mehr als drei Monate unterbrochen, beginnt der Zeitraum von vorne zu laufen. Auf Wunsch des Kunden, also des Einsatzunternehmens, wird der Branchenzuschlag auf 90% des Lohns eines vergleichbaren Stammmitarbeiters gedeckelt.[19]

Situation

Ein Neukunde aus der Chemiebranche möchte Ihre Personaldienstleistungen testen. Die beiden Mitarbeiter, die Sie ihm überlassen, sind der Entgeltgruppe 4 zuzuordnen, die einen tariflichen Stundenlohn von 10,81€ vorsieht. Die Überlassungsdauer beträgt voraussichtlich 15 Wochen. Es wird an fünf Tagen in der Woche gearbeitet. Ein vergleichbarer Stammmitarbeiter im Kundenunternehmen erhält einen Stundenlohn von 13,50€. Der Kunde wünscht eine Deckelung. Die tägliche Einsatzdauer im Betrieb beträgt 8 Stunden.

---

[19] Siehe zur 90%-Deckelung: §2 (4) des Tarifvertrags von BAP/iGZ mit der IG Metall.

Aufgabe 75

Ermitteln Sie nachvollziehbar und unter Berücksichtigung eventueller Branchenzuschläge den Stundenlohn, den ein überlassener Mitarbeiter in der 6., in der 9. sowie in der 15. Woche erhält.

Aufgabe 76

Ihr Personaldienstleistungsunternehmen kalkuliert mit einem mittleren Faktor von 2,1, unabhängig davon, ob ein Branchenzuschlag anfällt oder nicht. Berechnen Sie nachvollziehbar den Tagesumsatz, den Ihr Unternehmen in der ersten Woche für die Überlassung eines Mitarbeiters erzielt.

Aufgabe 77

Ihrem Verhandlungspartner beim Kunden erscheint der Tagessatz sehr hoch, schließlich bekomme ein eigener Mitarbeiter deutlich weniger Tageslohn. Erklären Sie Ihrem Verhandlungspartner anhand von drei Argumenten, weshalb seine Sichtweise zu kurz greift.

Aufgabe 78

Die Überlassung der beiden Mitarbeiter endet planmäßig nach 15 Wochen. Der Kunde war sehr zufrieden und fragt zehn Wochen später erneut wegen einer Überlassung der beiden Mitarbeiter an, um eine einwöchige Auftragsspitze abzufangen. Berechnen Sie nachvollziehbar den Rechnungsbetrag, den der Kunde für die einwöchige Überlassung an Ihr Personaldienstleistungsunternehmen bezahlen muss.

2.5 Nachkalkulation

Im Anschluss an einen (größeren) Auftrag bzw. in regelmäßigen Abständen ist es sinnvoll, die für die Angebotserstellung zugrunde gelegten Kalkulationsdaten darauf hin zu überprüfen, in welcher Höhe diese tatsächlich angefallen sind. Beispielsweise können aufgrund eines neuen Tarifabschlusses, aufgrund von Gesetzesänderungen oder aufgrund einer von der Kalkulation abweichenden Überlassungsdauer die tatsächlichen Kosten von den geplanten Kosten abweichen. Durch diese Gegenüberstellung von Normalkosten (Plankosten der Vorkalkulation) und Istkosten (tatsächliche Kosten) kann ermittelt werden, ob eine Kostenüber- oder eine Kostenunterdeckung erfolgte. Kostenüberdeckung liegt vor, wenn die Normalkosten höher als die Istkosten sind, Kostenunterdeckung im umgekehrten Fall. Die aus der Nachkalkulation gewonnenen Erkenntnisse über die Istkosten eines Auftrags bzw. einer Abrechnungsperiode stellen ihrerseits die neue Grundlage für die zukünftige Angebotserstellung dar.

Situation

Ein Personaldienstleistungsunternehmen kalkulierte Angebote zur Überlassung einer Fachkraft für das gerade abgelaufene Kalenderjahr mit folgenden Normalkosten:
- Stundenlohn für Zeitarbeitnehmer: 12,50 €,
- Arbeitgeberanteil an den Sozialversicherungen: 20 %,
- anteiliger Zuschlag für Fixkosten des Unternehmens: 50 % auf den Stundenlohn,
- Arbeitstage pro Jahr: 225. Hierin enthalten sind neben 20 Urlaubstagen und den auf einen Wochentag fallenden Feiertagen acht Krankheitstage,
- Überlassung an 92 % der jährlichen Arbeitstage,
- Anzahl Überlassungen pro Jahr: 4,
- interne Verwaltungskosten pro Überlassung: 200 €.

Aufgabe 79

Berechnen Sie die Anzahl der kalkulierten überlassenen Arbeitstage.

Aufgabe 80

Berechnen Sie die kalkulierte durchschnittliche Überlassungsdauer pro Auftrag.

Aufgabe 81

Ein Kunde war mit dem Zeitarbeitnehmer sehr zufrieden und behielt ihn für die doppelte der kalkulierten Überlassungsdauer. Erklären Sie, welche Auswirkung dies ceteris paribus, d.h. unter sonst unveränderten Bedingungen, auf den Jahresüberschuss des Unternehmens hat.

Aufgabe 82

Angenommen, die Bundesregierung beschloss die Beitragssätze für die Rentenversicherung zum 1. November um einen halben Prozentpunkt abzusenken. Erklären Sie, welche Auswirkung dies für das Unternehmen hat.

Aufgabe 83

Berechnen Sie die neue pauschale Kalkulationsgrundlage für den Arbeitgeberanteil an den Sozialversicherungen, wenn die anderen Sozialversicherungen unverändert bleiben.

Aufgabe 84

Das Personaldienstleistungsunternehmen möchte expandieren. Hierfür wurde im August des Geschäftsjahres ein repräsentatives Büro in der Innenstadt in bester Lage angemietet. Erklären Sie, welche Auswirkung dies ceteris paribus auf den Stundenverrechnungssatz für das kommende Geschäftsjahr hat.

Aufgabe 85

Ihnen liegt folgende Übersicht zu den geplanten und den tatsächlichen Kosten für das abgelaufene Geschäftsjahr vor. Stellen Sie diesen Sachverhalt in geeigneter Weise einmal in absoluten Euro-Beträgen und einmal in relativen Prozentwerten grafisch dar.

Kosten	**geplant**	**tatsächlich**
Miete	24.000,00 €	24.000,00 €
Nebenkosten	3.000,00 €	3.500,00 €
Fuhrpark	20.000,00 €	23.000,00 €
internes Personal	150.000,00 €	140.000,00 €

Aufgabe 86

Sie erhalten die Aufgabe, die Abweichungen der Ist- von den Plankosten festzustellen. Stellen Sie diese Abweichungen in geeigneter Weise einmal in absoluten Euro-Beträgen und einmal in relativen Prozentwerten grafisch dar.

Aufgabe 87

Erörtern Sie einen Vor- und einen Nachteil der relativen Darstellung.

3 Betriebliche Kennzahlen

Nachdem wir im ersten Kapitel gesehen haben, wie eine Bilanz aufgebaut ist und der Erfolg einer Unternehmung ermittelt werden kann und uns im zweiten Kapitel u.a. mit Aspekten der Kosten- und Leistungsrechnung beschäftigt haben, führen wir nun dieses Wissen zusammen und wenden uns betrieblichen Kennzahlen zu. Kennzahlen ermöglichen einen schnellen Überblick über die ökonomische Lage eines Unternehmens und erleichtern einen brancheninternen Vergleich mit Konkurrenzunternehmen. Im Zuge der zunehmenden Internationalisierung des Rechnungswesens setzen sich die aus dem Angelsächsischen kommenden Begriffe und Kennzahlen wie EBITA und EBIT auch in deutschen Unternehmen durch. Wie diese ermittelt werden, wird nachstehend aufgezeigt. Aufgrund dessen, dass einige von Ihnen in internationalen Unternehmen arbeiten und andere das vielleicht im späteren Berufsleben beabsichtigen, werden zu den deutschen auch die englischen Fachbegriffe angeführt.

Ermittlung des Jahresüberschusses	
Umsatz	Revenues
- Kosten externe Arbeitnehmer	
- Materialkosten	Raw Material Costs
= Bruttoergebnis	Gross Profit
- Strom und Gas	Energy Costs
- Miete	Rent
- Personal	Personnel Costs
= Betriebsergebnis	**EBITDA**
- Abschreibungen	- Depreciation / Amortization
+ Zuschreibungen	+ Appreciation
= operatives Vorsteuerergebnis	**EBIT**
- Zinsen	Interest
= Vorsteuerergebnis	**EBT**
- Steuern	Tax
= Jahresüberschuss	**Net Profit**

EBITDA steht für **E**arnings **b**efore **I**nterest, **T**ax, **D**epreciation and **A**mortization (dt.: Ergebnis vor Zinsen, Steuern, Abschreibung auf Sachanlagen und immaterielle Wirtschaftsgüter)

EBIT steht für **E**arnings **b**efore **I**nterest and **T**ax (dt.: Ergebnis vor Zinsen und Steuern)

Der Begriff „**operativ**" deutet immer darauf hin, dass diese Position direkt mit dem eigentlichen Geschäft des Unternehmens zu tun hat.

Im Folgenden werden wir das Thema betriebliche Kennzahlen anhand der Unternehmen von Birgit und Anton bearbeiten, zwei Geschwistern, die von ihrer verstorbenen Tante Lise jeweils 20.000€ geerbt haben.[20] Beide eröffnen damit als eingetragene Kaufleute (e.K.) jeweils ein Personaldienstleistungsunternehmen. Während Birgit sich auf die Personalvermittlung spezialisiert, bietet Anton hauptsächlich die Überlassung von Mitarbeitern im Helferbereich an.

Birgits kalkuliert mit folgenden Zahlen für das erste komplette Geschäftsjahr:
Die Miete für Birgits Büro beträgt 1.000€ im Monat, dazu kommen Strom- und Gaskosten von weiteren 200€ im Monat. Birgit stellt eine Mitarbeiterin ein, die 2.000€ brutto im Monat verdient, zzgl. 20% Arbeitgeberanteil an den Sozialversicherungen. Die Abschreibungen auf das Mobiliar und den Firmenwagen betragen 5.000€ im Jahr. Für sich selbst kalkuliert sie ein monatliches Gehalt von 3.000€ brutto, zzgl. des Arbeitgeberanteils an den Sozialversicherungen. Sie nimmt ein Darlehen bei ihrer Hausbank i.H.v. 15.000€ auf, für das sie 8% Zinsen p.a. zahlt.
Sie strebt einen Umsatz von monatlich 8.500€ an.

---

[20] Ein sehr lesenswertes Buch zum Thema Kennzahlen ist: Levermann, Susan: Der entspannte Weg zum Reichtum. Aus diesem Buch stammen die Grobgliederung sowie die überwiegenden theoretischen Inhalte zu den Kennzahlen, die in diesem Abschnitt vorgestellt werden. Die Beispiele wurden für die Personaldienstleistungsbranche umgeschrieben und um zahlreiche Übungsaufgaben ergänzt.

Aufgabe 88

Übertragen Sie die Kosten in die unten stehende Tabelle und ermitteln Sie die Summe der im Jahr anfallenden Kosten.

Kostenart	Kosten p.M.	Kosten p.a.
Geschäftsführer (incl. AG-SV)		
Internes Personal (incl. AG-SV)		
Externes Personal (incl. AG-SV)		
Materialkosten (PSA[21])		
Miete		
Nebenkosten		
Zinsen		
Abschreibungen		
Summe		

Aufgabe 89

Vervollständigen Sie die nachstehende Tabelle und ermitteln Sie das EBITDA (Betriebsergebnis).

Umsatz
- Kosten externes Personal
- Materialkosten

= Bruttoergebnis
- Miete
- Nebenkosten
- Kosten internes Personal

= EBITDA (Betriebsergebnis)

---

[21] Persönliche Schutzausrüstung

Aufgabe 90

Nehmen Sie an, im Nachbarort befindet sich ein ebenfalls auf Personalvermittlung spezialisiertes Personaldienstleistungsunternehmen. Dieses ist jedoch schon vor knapp zehn Jahren gegründet worden. Seit der Gründung werden der gleiche Firmenwagen und weitgehend dieselbe Büroeinrichtung genutzt. Begründen Sie, weshalb das EBITDA eine für einen Branchenvergleich geeignete Kennzahl darstellt.

Noch ist die GuV nicht vollständig, da Birgit neben Abschreibungen auch Zinsen und Steuern bezahlen muss. Daher berechnen wir im nächsten Schritt das EBIT, das operative Vorsteuerergebnis.

= EBITDA (Betriebsergebnis)	15.600,00 €
- Abschreibungen	5.000,00 €
= EBIT (operatives Vorsteuerergebnis)	10.600,00 €
- Zinsen	1.200,00 €
= EBT (Vorsteuerergebnis)	9.400,00 €
- Steuern	940,00 €
= Jahresüberschuss	8.460,00 €

Aufgabe 91

Sie möchten den Jahresüberschuss von Birgit mit dem Erfolg ähnlicher Unternehmen in der Schweiz und dem Elsass vergleichen. Welches Problem kann hierbei auftreten?

3.1 Margen

Die Angabe von Margen ermöglicht einen schnellen Überblick über die Leistungsfähigkeit und den Erfolg eines Unternehmens. Hierzu werden bestimmte Teilergebnisse der GuV (z.B. das Bruttoergebnis) in Bezug z.B. zum Umsatz des Unternehmens gesetzt. Margen sind folglich Prozentwerte.

Hohe Margen sind eine Art „Versicherung" für schlechte Zeiten. Sollte bspw. der Umsatz einmal rückläufig sein, stellen hohe Margen einen Puffer dar, damit das Unternehmen nicht gleich Verluste macht. Das Gleiche gilt für den Fall, dass die Kosten steigen, wie im folgenden Beispiel deutlich wird.

Aufgabe 92

Erläutern Sie, weshalb Margen sich besser als absolute Zahlen zum Vergleich von Unternehmen eignen.

Die im Folgenden ausgewerteten Margen berechnen sich wie folgt:

Bruttomarge = Bruttoergebnis / Umsatz * 100
EBITDA-Marge = EBITDA / Umsatz * 100
EBIT-Marge = EBIT / Umsatz * 100
EBT-Marge = EBT / Umsatz * 100
Nettomarge = Jahresüberschuss / Umsatz * 100

Aufgabe 93

Für das Unternehmen von Birgit liegt am Jahresende folgende GuV vor. Berechnen Sie die Margen für Birgits Personaldienstleistungsunternehmen.

Umsatz	102.000,00 €		
- Kosten externes Personal	- €		
- Materialkosten (PSA)	- €		
= Bruttoergebnis	102.000,00 €		Bruttomarge
- Miete	12.000,00 €		
- Nebenkosten	2.400,00 €		
- Kosten internes Personal	72.000,00 €		
= EBITDA (Betriebsergebnis)	15.600,00 €		EBITDA-Marge
- Abschreibungen	5.000,00 €		
= EBIT (operatives Vorsteuerergebnis)	10.600,00 €		EBIT-Marge
- Zinsen	1.200,00 €		
= EBT (Vorsteuerergebnis)	9.400,00 €		EBT-Marge
- Steuern	940,00 €		
= Jahresüberschuss	8.460,00 €		Nettomarge

Anton, der zweite Erbe von Tante Lise, hat - wie bereits erwähnt - ebenfalls ein Personaldienstleistungsunternehmen gegründet. Im Unterschied zu seiner Schwester setzt er den Schwerpunkt auf die Überlassung von Mitarbeitern.

Das von ihm angemietete Büro kostet 3.000€ Miete pro Monat, zuzüglich Nebenkosten i.H.v. 500€. Die Ausstattung des Büros sowie der größere Firmenwagen führen dazu, dass pro Jahr Abschreibungen i.H.v. 10.000€ anfallen. Seine drei Angestellten verdienen jeweils 2.000€ brutto und für sich selbst veranschlagt er 4.000€ brutto pro Monat, jeweils zzgl. des Arbeitgeberanteils an den Sozialversicherungen.

Im Jahresdurchschnitt beschäftigt er 180 externe Mitarbeiter. Die monatlichen Kosten für jeden Mitarbeiter veranschlagt Anton mit 2.000€ einschließlich des Arbeitgeberanteils an den Sozialversicherungen. Er unterstellt, dass er jeden Mitarbeiter durchschnittlich pro Monat an 18 Tagen á 7 Stunden überlassen kann und somit einen Umsatz von 410.000€ pro Monat erzielt. Pro Monat fallen 1.000€ für den Erwerb von Schutzausrüstung für die externen Mitarbeiter an.

Zu Beginn des Geschäftsjahres nimmt er ein Darlehen über 60.000€ bei seiner Hausbank auf, die hierfür 10% Zinsen p.a. berechnet.

Aufgabe 94

Berechnen Sie, welchen durchschnittlichen Stundenverrechnungssatz Anton erzielt. Runden Sie kaufmännisch.

Aufgabe 95

Vervollständigen Sie die unten stehende Tabelle und zeigen Sie, dass der Jahresüberschuss 270.200€ beträgt.

Umsatz
- Kosten externes Personal
- Materialkosten (PSA)

= Bruttoergebnis
- Miete
- Nebenkosten
- Kosten internes Personal

= EBITDA (Betriebsergebnis)
- Abschreibungen

= EBIT (operatives Vorsteuerergebnis)
- Zinsen

= EBT (Vorsteuerergebnis)
- Steuern (30%)

= Jahresüberschuss 270.200,00 €

Aufgabe 96

Berechnen Sie die Brutto-, die EBITDA-, die EBIT-, die EBT sowie die Nettomarge von Antons Unternehmen.

Umsatz	4.920.000,00 €		
- Kosten externes Personal	4.320.000,00 €		
- Materialkosten (PSA)	12.000,00 €		
= Bruttoergebnis	588.000,00 €		Bruttomarge
- Miete	36.000,00 €		
- Nebenkosten	6.000,00 €		
- Kosten internes Personal	144.000,00 €		
= EBITDA (Betriebsergebnis)	402.000,00 €		EBITDA-Marge
- Abschreibungen	10.000,00 €		
= EBIT (operatives Vorsteuerergebnis)	392.000,00 €		EBIT-Marge
- Zinsen	6.000,00 €		
= EBT (Vorsteuerergebnis)	386.000,00 €		EBT-Marge
- Steuern (30%)	115.800,00 €		
= Jahresüberschuss	270.200,00 €		Nettomarge

Aufgabe 97

Vergleichen Sie die GuV sowie die Margen von Birgit und Anton. Begründen Sie, welches Unternehmen erfolgreicher ist.

Aufgabe 98

Erklären Sie, weshalb Birgit einen Steuersatz von 10% hat, während dieser bei Anton 30% beträgt.

Aufgabe 99

Unterscheiden Sie die Kosten von Birgit und Anton in fixe (K_f) und variable Kosten (K_V).

	Birgit	Anton
Umsatz		
- Kosten externes Personal	-	
- Materialkosten (PSA)	-	
= Bruttoergebnis		
- Strom und Gas		
- Miete (komplettes Jahr)		
- Personal		
= Betriebsergebnis		
- Abschreibungen / + Zuschreibungen		
= operatives Vorsteuerergebnis		
- Zinsen		
= Vorsteuerergebnis		
- Steuern (10%)		
= Jahresüberschuss		

Situation

Nehmen Sie an, dass - völlig überraschend - einige Mittelmeerländer ihre Schulden nicht mehr zurückzahlen können und es in der Folge zu einem Wirtschaftsabschwung kommt. Sowohl bei Birgit als auch bei Anton führt dies zu einem Umsatzrückgang von acht Prozent.

Aufgabe 100

Begründen Sie, weshalb Sie bei der Neuberechnung des Jahresüberschusses die Positionen, deren Kosten fix sind, eins zu eins aus der ursprünglichen Kalkulation vor dem Wirtschaftsabschwung übernehmen können.

Aufgabe 101

Vervollständigen Sie die Tabelle und berechnen Sie den Jahresüberschuss von Birgit und Anton im Falle des Wirtschaftsabschwungs. Unterstellen Sie, dass die Personalzahlen unverändert bleiben.

	Birgit	Anton
Umsatz		
- Kosten externes Personal		
- Materialkosten (PSA)		
= Bruttoergebnis		
- Miete		
- Nebenkosten		
- Kosten internes Personal		
= EBITDA (Betriebsergebnis)		
- Abschreibungen		
= EBIT (operatives Vorsteuerergebnis)		
- Zinsen		
= EBT (Vorsteuerergebnis)		
- Steuern (keine)		
= Jahresüberschuss		

Aufgabe 102

Erklären Sie, weshalb der Gewinneinbruch bei Anton nicht nur absolut, sondern auch prozentual im Vergleich zur Ausgangsplanung ohne Wirtschaftsabschwung deutlich höher ausfällt als bei Birgit.

3.2 Kennzahlen aus der Bilanz

Wir machen nun einen kurzen Sprung in die Zukunft und schauen uns die Bilanz von Birgit nach einem Jahr an. Birgit hat in diesem Jahr einen Jahresüberschuss von 9.500€ sowie einen Umsatz von 115.000€ erzielt.

A	Bilanz zum 31.12. +1		P
Anlagevermögen		*Eigenkapital*	
Fuhrpark	22.000,00 €	Grundkapital	20.000,00 €
BGA	30.000,00 €	Gewinnrücklage	37.000,00 €
Umlaufvermögen		*Fremdkapital*	
Ford. LL	25.000,00 €	Darlehen	25.000,00 €
Bank	15.000,00 €	Verb. LL	12.000,00 €
Kasse	2.000,00 €		
	94.000,00 €		94.000,00 €

Eine der wichtigsten Kennzahlen, die sich aus der Bilanz ergeben, ist die **Eigenkapitalrendite** im Fachjargon **RoE** (**R**eturn **o**n **E**quity). Dahinter verstecken sich der Lohn des Unternehmers für seine Leistung und das Risiko, mit seinem Geld im Unternehmen engagiert zu sein. Berechnet wird diese, indem der Jahresüberschuss ins Verhältnis zum gesamten Eigenkapital[22], also dem Grundkapital und der Gewinnrücklage, gesetzt wird.

Aufgabe 103
Berechnen Sie die Eigenkapitalrendite (RoE) für Birgits Unternehmen.

Ein Schwachpunkt der Eigenkapitalrendite als Kennzahl ist, dass diejenigen Unternehmen den höchsten RoE haben, die ihr Eigenkapital zugunsten von Fremdkapital reduzieren. Das nachstehende Beispiel verdeutlicht dies.

Variation
Unterstellen Sie, dass Birgit statt 20.000€ Grundkapital lediglich 5.000€ Grundkapital hätte und das Darlehen stattdessen 40.000€ betragen würde. Die Gewinnrücklage bleibt unverändert.

---

[22] Manche Autoren berücksichtigen nicht das gesamte Eigenkapital, sondern lediglich das Grundkapital für die Berechnung der Eigenkapitalrendite.

Aufgabe 104

Berechnen Sie für diese Situation die Eigenkapitalrendite, wenn der erzielte Jahresüberschuss unverändert bleibt.

Eine weitere Bilanzkennziffer ist der **Verschuldungsgrad**. Dieser wird errechnet, indem das Fremdkapital ins Verhältnis zum Eigenkapital gesetzt wird. Im Englischen wird der Verschuldungsgrad als „Leverage" bezeichnet. Dies kommt von Hebel (engl.: lever) und gibt an, wie stark das Eigenkapital „gehebelt" wurde, um insgesamt das für die Unternehmung notwendige Gesamtkapital zu erzielen.

Eng verwandt mit dem Verschuldungsgrad sind die **Eigenkapitalquote** sowie die **Fremdkapitalquote**. Hier werden das Eigenkapital und das Fremdkapital ins Verhältnis zum Gesamtkapital des Unternehmens, d.h. der Bilanzsumme, gesetzt.

Aufgabe 105

Berechnen Sie für die Ausgangssituation den Verschuldungsgrad, die Eigenkapital- sowie die Fremdkapitalquote.

Bei Dienstleistungsunternehmen sollte die Eigenkapitalquote nicht geringer als 15 bis 20 Prozent sein, bei Industrieunternehmen wird von Banken und Kapitalanlegern eine Eigenkapitalquote von etwa 30 Prozent erwartet.

Ein konkurrierendes Personaldienstleistungsunternehmen weist folgende Kennzahlen auf:
- Eigenkapitalrentabilität: 25%
- Fremdkapitalquote: 80%

Aufgabe 106

Beurteilen Sie kritisch die von Ihnen für Birgits Unternehmen berechnete Eigenkapitalrentabilität und Fremdkapitalquote mit den Kennzahlen des Wettbewerbers.

Weitere häufig benutzte Kennzahlen sind die Kapitalrendite sowie die Umsatzrentabilität.

Die **Kapitalrendite** bzw. im Englischen der **RoI** (**R**eturn **o**n **I**nvestment) wird errechnet, indem der Gewinn ins Verhältnis zum gesamten Kapital (Eigen- und Fremdkapital) gesetzt wird.[23]

Aufgabe 107
Berechnen Sie den RoI für das Unternehmen.

Die **Umsatzrentabilität** wird errechnet, indem der Jahresüberschuss ins Verhältnis zum Umsatz gesetzt wird. Die Umsatzrentabilität gibt an, wie viel Gewinn pro Umsatz-Euro gemacht wird. In der Praxis wird häufig der Gewinn vor Steuern gewählt, um internationale Vergleiche zu ermöglichen.

Aufgabe 108
Berechnen Sie die Umsatzrentabilität des Unternehmens.

Für die Beurteilung der wirtschaftlichen Situation von Unternehmen ist des Weiteren die Höhe der liquiden Mittel von Relevanz, da Zahlungsschwierigkeiten, d.h. wenn nicht genügend „flüssige" Mittel zur Verfügung stehen, im schlimmsten Fall die Insolvenz des Unternehmens zur Folge haben. Zur „Flüssigkeit" gibt es mehrere Liquiditätsgrade.

Die **Liquidität ersten Grades**, im Englischen **Cash Ratio** genannt, setzt die liquiden Mittel des Unternehmens ins Verhältnis zu den kurzfristigen Verbindlichkeiten, also z.B. zu noch zu bezahlenden Rechnungen von Lieferanten oder der Miete. Die Idee dahinter ist, dass kurzfristige Verbindlichkeiten recht bald fällig sind. Deswegen sollten diese am besten von Mitteln gedeckt sein, die auch ganz kurzfristig - idealerweise jederzeit - verfügbar sind. In unserem Beispiel sind dies das Bankguthaben sowie der Kassenbestand.

Aufgabe 109
Berechnen Sie die Liquidität 1. Grad.

Aufgabe 110
Beurteilen Sie die berechnete Cash Ratio kritisch.

---

[23] Hinweis: Der Gewinn muss zuvor noch um bereits abgezogene Fremdkapitalzinsen berichtigt werden. Dies bleibt hier unberücksichtigt.

Der **Liquiditätsgrad 2**, im Englischen **Acid Test Ratio** oder **Quick Ratio**, hat ein ähnliches Ziel wie die Cash Ratio. Nur berücksichtigt die Liquidität zweiten Grades nicht nur die vorhandenen Mittel, sondern auch die kurzfristig fälligen Forderungen. Die Liquidität zweiten Grades sollte bei über 1 bzw. 100% liegen.

Aufgabe 111
Berechnen Sie die Liquidität 2. Grades.

Liegt die Liquidität 2. Grades unter 1 bzw. 100%, sollte das Unternehmen versuchen, einen Teil der kurzfristigen Verbindlichkeiten in langfristige Verbindlichkeiten umzuwandeln, da die Gefahr besteht, dass Geldgeber kurzfristig ihr Geld zurückfordern, ohne dass das Unternehmen über ausreichend liquide finanzielle Mittel verfügt.

Aller guten Dinge sind bekanntlich drei. Die **Liquidität 3. Grades** bezieht zusätzlich zu den liquiden Mitteln und den kurzfristig fälligen Forderungen auch noch die Vorräte mit ein, d.h. das gesamte Umlaufvermögen. Da ein Personaldienstleistungsunternehmen nicht über Vorräte verfügt, entspricht in diesem Fall die Liquidität 3. Grades der bereits bekannten Liquidität 2. Grades.

Als vorletzte Kennzahl wenden wir uns dem **Cash Flow** zu, den tatsächlich geflossenen Zahlungsmitteln. Diese Kennzahl findet große Beachtung, da sie weit weniger als andere Kennzahlen durch das Unternehmen „gesteuert" werden kann oder durch von Land zu Land unterschiedliche Steuersätze oder Abschreibungs- und Bewertungsverfahren beeinträchtigt wird. Unterschieden wird hierbei zwischen dem **operativen Cash Flow**, d.h. den Zahlungsströmen, die dem tatsächlichen Geschäft des Unternehmens zuzuordnen sind, und dem Cash Flow aus Investitions- oder Finanzierungstätigkeit. Der operative Cash Flow wird berechnet indem von den zahlungswirksamen Erträgen - also Umsätze, die bereits von den Kunden bezahlt wurden, die zahlungswirksamen Aufwendungen - also die Aufwendungen, die vom Unternehmen bereits bezahlt wurden - abgezogen werden.

Beispiel: Birgit hatte im ersten Geschäftsjahr zahlungswirksame Erträge von 102.000€, denen zahlungswirksame Aufwendungen in Höhe von 87.600€ (gesamte Kosten abzüglich der nicht zahlungswirksamen Abschreibungen i.H.v. 5.000€). Folglich beträgt der operative Cash Flow 102.000€ - 87.600€ = 14.400€.

Ein positiver Cash Flow stellt das Innenfinanzierungsvolumen eines Betriebes dar, d.h. den Umfang, indem das Unternehmen ohne zusätzliches Fremdkapital Investitionen tätigen kann. Alternativ kann der Cash Flow verwendet werden, um Verbindlichkeiten zurückzuzahlen oder Gewinne an die Eigentümer auszuschütten.

In der PDL-Branche dürfte zudem die **Personalaufwandsquote** als Kennzahl von großer Bedeutung sein. Diese stellt den Personalaufwand einschließlich des Arbeitgeberanteils an den Sozialversicherungen sowie ggf. dem Gehalt für den Geschäftsführer in Verhältnis zum Umsatz.

Aufgabe 112
Berechnen Sie die Personalaufwandsquote von Birgit und Anton in der Ausgangssituation[24].

Exkurs für Börseninteressierte
Weitere häufig verwendete Kennzahlen zur Beurteilung einer Investitionsentscheidung sind:

KGV
Kurs / Gewinn je Aktie.
Je niedriger desto besser. Das KGV ist ein Indiz dafür, ob ein Unternehmen im Verhältnis zu seinem Gewinn günstig oder hoch bewertet ist.

KCV
Kurs / Cash Flow je Aktie.
Je niedriger desto besser. Das KCV ist ein Indiz dafür, ob ein Unternehmen im Verhältnis zu seinem Cash Flow günstig oder hoch bewertet ist.

KBV
Kurs / Buchwert je Aktie.
Je niedriger desto besser. Das KBV setzt den Aktienkurs ins Verhältnis zum bilanziellen Vermögenswert je Aktie. Ein Wert von unter 1 bedeutet, dass man einen Unter-

---

[24] Birgit: Personalkosten (intern + extern): 72.000€, Umsatz: 102.000€.
Anton: Personalkosten (intern + extern): 4.464.000€), Umsatz: 4.920.000€.

nehmensteil kaufen kann und dafür weniger bezahlen muss, als dieser nach der Bilanz wert ist.

Dividendenrendite

Dividende / Kurs.

Je höher desto besser. Gibt an, wie hoch die Verzinsung des eingesetzten Kapitals ohne Berücksichtigung evtl. Kursgewinne bzw. -verluste ist.

4 Literaturverzeichnis

Bundesarbeitgeberverband der Personaldienstleister: Tarifvertrag über Branchenzuschläge für Branchenzuschläge in der Metall- und Elektroindustrie (TV BZ ME). http://www.personaldienstleister.de/ePaper/BAP-Tarifvertrag_BZ_ME_2012/.

Bundesministerium für Wirtschaft und Energie: Existenzgründung - Gründungswerkstatt. http://www.existenzgruender.de/gruendungswerkstatt/checklisten-uebersichten/preise_rechnungs/index.php.

Controlling-Portal: Fixe Kosten (Fixkosten) und variable Kosten. http://www.controllingportal.de/upload/old/bilder/fachartikel/fixe__varible_Kosten.jpg.

Jossé, German: Bilanzen - aber locker! Hamburg 2005.

Jossé, German: Buchführung - aber locker! Hamburg 2008.

Levermann, Susan: Der entspannte Weg zum Reichtum. München 2010.

Ministerium für Kultus, Jugend und Sport Baden-Württemberg: Bildungsplan für die Berufsschule. Personaldienstleistungskaufmann/Personaldienstleistungskauffrau. http://www.ls-bw.de/bildungsplaene/beruflschulen/bs/bs_berufsbez/BS_Personaldienstleistungskaufmann_08_3639.pdf.

Olfert, Klaus: Kostenrechnung. Ludwigshafen 2003.

Rechnungswesen verstehen: Nachkalkulation. http://www.rechnungswesen-verstehen.de/kostentraegerrechnung/nachkalkulation.php.

Speth, H./Waltermann, A./ Kaiser, A.: Kaufmännische Steuerung und Kontrolle für das Berufskolleg I. Rinteln 2011.

Wöhe, Günter: Einführung in die Allgemeine Betriebswirtschaftslehre. München 2008.

Tipp: Gut gemachte Webseite zum Thema: http://www.rechnungswesen-verstehen.de/

Trotz sorgfältiger inhaltlicher Kontrolle wird die Haftung für die Inhalte der externen Seiten ausgeschlossen. Für den Inhalt dieser externen Seiten sind ausschließlich deren Betreiber verantwortlich.

5 Lösungen

Aufgabe 1
Übertragen Sie die erfassten Positionen in die nachstehende **Inventurliste**.

Bezeichnung	Aufgabe 1			Aufgabe 2	
	Anzahl	EUR pro Einheit	Summe (€)	Vermögen (V) / Schulden (S)	Rang nach Liquidierbarkeit/ Fälligkeit
Bankkonto			24.000	V	5
Bürostühle	10	400	4.000	V	3
Verbindlichkeiten aus Lieferungen u. Leistungen			4.000	S	III
PC	10	800	8.000	V	3
Drucker	2	400	800	V	3
Darlehen			8.000	S	II
PKW	1	20.000	20.000	V	2
Immobilie	1	180.000	180.000	V	1
Forderungen aus Lieferungen und Leistungen			15.000	V	4
Kasse			250	V	6
Hypothekendarlehen			65.000	S	I

Aufgabe 2
Siehe Tabelle oben, rechte Spalte.

Aufgabe 3

A: Vermögen	Wert (€)	Summe (€)
I. Anlagevermögen		
1. Grundstücke und Bauten	180.000	180.000
2. Fuhrpark	20.000	20.000
3. Betriebs- und Geschäftsausstattung (BGA)		
Drucker	800	
Computer	8.000	
Bürostühle	4.000	12.800
II. Umlaufvermögen		
1. Forderungen aus Lieferungen und Leistungen (Ford. LL)	15.000	15.000
2. Bankguthaben	24.000	24.000
3. Kassenbestand	250	250
Summe Vermögen		252.050
B: Schulden		
I. Langfristige Schulden		
1. Hypothekenverbindlichkeiten	65.000	65.000
2. Darlehensverbindlichkeiten	8.000	8.000
II. kurzfristige Schulden		
1. Verbindlichkeiten aus Lieferungen u. Leistungen (Verb. LL)	4.000	4.000
Summe Schulden		77.000
C: Errechnung des Eigenkapitals (Reinvermögens)		
I. Summe des Vermögens		252.050
II. Summe der Schulden		77.000
III. Eigenkapital (Reinvermögen) (Reinvermögen = Vermögen – Schulden)		175.050

Aufgabe 4

Erstellen Sie auf Basis des vorstehenden Inventars die Bilanz der *Prozeit GmbH*.

A	Bilanz zum 31.12.		P
Anlagevermögen		*Eigenkapital*	175.050
Grundstücke und Gebäude	180.000	*Fremdkapital*	
Fuhrpark	20.000	Verbindlichkeiten gegenüber Banken	73.000
BGA	12.800	Verbindlichkeiten aus Lieferungen und Leistungen	4.000
Umlaufvermögen			
Forderungen aus Lieferungen und Leistungen	15.000		
Bank	24.000		
Kasse	250		
	<u><u>252.050</u></u>		<u><u>252.050</u></u>

Hinweis

Wenn in einer Bilanz oder einem in einem Konto die linke und die rechte Seite nicht gleich groß sind, wird auf der kürzeren Seite der freie Platz durch eine sogenannte „Buchhalternase" besetzt. Diese verhindert, dass nachträglich Einträge im leeren Platz der kürzeren Seite vorgenommen werden. Die Bilanzsummen auf beiden Seiten werden doppelt unterstrichen.

Aufgabe 5

Nennen Sie die Posten in der Bilanz, die von diesem Kauf auf Rechnung betroffen sind.
BGA und Verb. LL

Aufgabe 6

Erklären Sie kurz, welche Auswirkung ein Aktiv- bzw. ein Passivtausch auf die Bilanzsumme hat.
Keine, die Bilanzsumme bleibt in beiden Fällen unverändert.

Aufgabe 7
Erklären Sie kurz, welche Auswirkung eine Aktiv-Passiv-Mehrung auf die Bilanzsumme hat.
Die Bilanzsumme erhöht sich um 20.000€.

Aufgabe 8
Erklären Sie kurz, welche Auswirkung die o.g. Aktiv-Passiv-Minderung auf die Bilanzsumme hat.
Die Bilanzsumme reduziert sich um 1.500€.

Aufgabe 9
Erstellen Sie zu jeder der vier Bilanzveränderungen ein eigenes Beispiel.
Individuell

Aufgabe 10
Ein Kunde begleicht eine noch ausstehende Rechnung i.H.v. 2.000€ bar. (Geschäftsvorfall 1)
Kasse an Ford. LL. 2000

Aufgabe 11
Kauf eines Laptops für 1.000€, die bar bezahlt werden. (Geschäftsvorfall 2)
BGA an Kasse 1000.

Aufgabe 12
Sie bezahlen per Überweisung einen Lieferanten, dem Sie noch 500€ schulden. (Geschäftsvorfall 3)
Verb. LL an Bank 500€

Aufgabe 13
Sie nehmen zur Begleichung einer Lieferverbindlichkeit bei Ihrer Hausbank ein Darlehen über 3.000€ auf. (Geschäftsvorfall 4)
Verb. LL an Verb. KI 3.000

Aufgabe 14
Zielkauf eines PKW für 30.000€. (Geschäftsvorfall 5)
Fuhrpark an Verb. LL 30.000.

Aufgabe 15

Eröffnen Sie für die Geschäftsvorfälle 1 bis 5 die entsprechenden T-Konten und übernehmen Sie deren Anfangsbestände aus der Bilanz der *Prozeit GmbH* von Aufgabe 4.

Lösungen: siehe Lösungen zur folgenden Aufgabe.

Aufgabe 16

Verbuchen Sie die Geschäftsvorfälle 1 bis 5 auf den zuvor eröffneten T-Konten.

S	BGA	H	S	Verb. Kl	H
AB	12.800			AB	73.000
2. Kasse	1.000			4. Verb. LL	3.000

S	Fuhrpark	H	S	Verb. LL	H
AB	20.000		3. Bank	500	AB	4.000
5. Verb. LL	30.000		4. Verb. LL	3.000	5. Fuhrpark	30.000

S	Ford. LL	H
AB	15.000	1. Kasse	2.000

S	Bank	H
AB	24.000	3. Verb. LL	500

S	Kasse	H
AB	250	2. BGA	1.000
1. Ford. LL	2.000		

Aufgabe 17

Ermitteln Sie die Schlussbestände für die Konten Fuhrpark und Kasse und schließen Sie die Konten ordnungsgemäß ab.

S	Fuhrpark		H
AB	20.000	SB	50.000
Verb. LL	30.000		
	50.000		50.000

S	Kasse		H
AB	250	2. BGA	1.000
1. Ford. LL	2.000	SB	1.250
	2.250		2.250

Aufgabe 18

Bilden Sie auf Grundlage der zuvor ermittelten Schlussbestände die Buchungssätze für die Abschlussbuchungen der beiden Konten.

SBK an Fuhrpark 50.000

SBK an Kasse 1.250

Aufgabe 19

Der Schlussbestand steht grundsätzlich auf der gegenüberliegenden Seite des Anfangsbestands. Erklären Sie, weshalb dies beim Konto Bank nicht so sein muss.

Das Bankkonto kann am Jahresende auch im Minus sein, nachdem es zu Beginn des Geschäftsjahres noch im Plus war. Dann stehen am Jahresende sowohl Anfangs- als auch Schlussbestand im Soll.

Aufgabe 20

Bezahlung von Löhnen über unser Bankkonto i.H.v. 10.000€. (Geschäftsvorfall 6)

Lohnaufwand an Bank 10.000

Aufgabe 21

Überlassung eines Zeitarbeitnehmers an einen Kunden (Konto Umsatzerlöse), der hierfür eine Rechnung über 5.000€ erhält.[25] (Geschäftsvorfall 7)

Ford. LL an Umsatzerlöse 5.000

---

[25] Eigentlich müsste hier noch die Umsatzsteuer berücksichtigt werden. Aus didaktischen Gründen wird die Umsatzsteuer an dieser Stelle vernachlässigt.

Aufgabe 22

Erhalt einer Rechnung über 400€ für die Reparatur des Kopierers. (Geschäftsvorfall 8)

Reparaturaufwand an Verb. LL 400

Aufgabe 23

Aus der erfolgreichen Vermittlung eines Mitarbeiters an einen Kunden (Konto Vermittlungsprovision) erhalten wir eine Überweisung auf unser Bankkonto i.H.v. 15.000€. (Geschäftsvorfall 9)

Bank an Vermittlungsprovision 15.000

Aufgabe 24

Halten Sie die Geschäftsvorfälle auf den entsprechenden Erfolgskonten fest. Die Veränderungen auf den Bestandskonten (Bank, Ford. LL etc.) brauchen Sie an dieser Stelle nicht festzuhalten.

S	Lohnaufwand	H	S	Umsatzerlöse	H
6. Bank	10.000			7. Ford	5.000

S	Reparaturaufwand	H	S	Vermittlungserträge	H
8. Verb. LL	400			9. Bank	15.000

Aufgabe 25

Bilden Sie die Buchungssätze für den Abschluss der einzelnen Erfolgskonten über das GuV-Konto.

GuV an Lohnaufwand 10.000
GuV an Reparaturaufwand 400
Umsatzerlöse an GuV 5.000
Vermittlungsprovision an GuV 15.000

Aufgabe 26
Übertragen Sie die vorgenommenen Abschlussbuchungen in das GuV-Konto.

S	GuV		H
Lohnaufwand	10.000	Umsatzerlöse	5.000
Reparaturaufwand	400	Vermittlungsprovision	15.000

Aufgabe 27
Ermitteln Sie den Saldo für das obige GuV-Konto und schließen Sie das Konto GuV über das Konto Eigenkapital ab. Geben Sie des Weiteren an, ob das Unternehmen im Geschäftsjahr einen Gewinn oder einen Verlust erwirtschaftet hat.

S	GuV		H
Lohnaufwand	10.000	Umsatzerlöse	5.000
Reparaturaufwand	400	Vermittlungsprovision	15.000
Eigenkapital	**9.600**		
	<u>20.000</u>		<u>20.000</u>

GuV an Eigenkapital 9.600.
Das Unternehmen hat 9.600€ Gewinn erwirtschaftet.

Aufgabe 28

Erstellen Sie auf Basis der Geschäftsvorfälle 1 bis 9 die Abschlussbilanz für die *Prozeit GmbH*.

A	Bilanz zum 31.12.		P
Anlagevermögen		*Eigenkapital*	**184.650**
Grundstücke und Gebäude	**180.000**	*Fremdkapital*	
Fuhrpark	**50.000**	Verbindlichkeiten gegenüber Banken	**76.000**
BGA	**13.800**	Verbindlichkeiten LL	**30.900**
Umlaufvermögen			
Forderungen aus LL	**18.000**		
Bank	**28.500**		
Kasse	**1.250**		
	291.550		291.550

Aufgabe 29

1. Erstellen Sie die Bilanz.
2. Ermitteln Sie das Eigenkapital.

A	Bilanz zum 31.12.		P
I. Anlagevermögen		**I. Eigenkapital**	206.000
1. Grundstücke	80.000	**II. Fremdkapital**	
2. Gebäude	110.000	1. Hypotheken	90.000
3. Fuhrpark	82.000	2. Darlehen	72.000
4. BGA	25.000	3. Verbindlichkeiten LL.	29.000
II. Umlaufvermögen			
1. Forderungen	50.000		
2. Bank	45.000		
3. Kasse	5.000		
	397.000		397.000

Aufgabe 30

Erläutern Sie, welche Konten durch die folgenden Geschäftsvorfälle betroffen sind, um was für eine Art Konten es sich hierbei handelt und wie sich dadurch die Bilanz verändert.

1. Kauf eines Monitors gegen Barzahlung.
2. Zielkauf eines PKW.
3. Überweisung der Eingangsrechnung des PKW-Händlers.
4. Zum Ausgleich einer Lieferantenrechnung nehmen Sie ein Darlehen auf.

Nr.		Konto	Aktiv/Passiv	Veränderung	Vorfall
1	Monitor	BGA	A	+	A-Tausch
	Bar	Kasse	A	-	
2	Zielkauf	Verb. LL	P	+	A-P-Mehrung
	PKW	Fuhrpark	A	+	
3	Eingangsrechnung	Verb. LL	P	-	A-P-Minderung
	Überweisung	Bank	A	-	
4	Lieferrechnung	Verb. LL	P	-	P-Tausch
	Darlehen	Darlehen	P	+	

Aufgabe 31

Bilden Sie die Buchungssätze zu den Geschäftsvorfällen der vorangegangenen Aufgabe.

Nr.
1 **BGA an Kasse**
2 **Fuhrpark an Verb. LL**
3 **Verb. LL an Bank**
4 **Verb. LL an Darlehen**

Aufgabe 32

Zur Vertiefung gleich nochmals: Bilden Sie die Buchungssätze zu folgenden Geschäftsvorfällen.

1. Sie überweisen Ihren internen und externen Angestellten Lohn.
2. Überlassung eines Mitarbeiters (Konto *Umsatzerlöse*) auf Rechnung.
3. Abschluss des GuV-Kontos mit Verlust.
4. Abschluss des Kontos Gebäude.

Nr.
1 **Personalaufwand an Bank**
2 **Ford. LL an Umsatzerlöse**
3 **EK an GuV**
4 **SBK an Gebäude**

Aufgabe 33

Erklären Sie kurz, welche Geschäftsvorfälle diesen Buchungssätzen zugrunde liegen.

1. Bank an Zinserträge
2. Forderungen LL an Umsatzerlöse
3. Mietaufwendungen an Bank
4. Verbindlichkeiten LL an Bank
5. SBK an BGA
6. Bank und Kasse an Fuhrpark
7. GuV an EK

Nr. Geschäftsvorfall
1 **Wir erhalten Zinserträge auf unserem Bankkonto gutgeschrieben.**
2 **Wir schicken einem Kunden eine Rechnung für einen überlassenen Mitarbeiter.**
3 **Wir bezahlen die Miete für das Büro per Überweisung.**
4 **Wir bezahlen eine noch offene Rechnung per Scheck.**
5 **Abschluss des Kontos BGA am Bilanzstichtag.**
6 **Wir verkaufen ein Auto aus unserem Fuhrpark. Der Käufer zahlt einen Teil in bar (Kasse), den Rest per Scheck.**
7 **Abschluss des Kontos GuV. Wir haben einen Gewinn erwirtschaftet.**

Aufgabe 34

Ihr Unternehmen kauft am 1.1.2012 für 714 € (einschließlich MwSt.) einen PC. Die Nutzungsdauer beträgt drei Jahre. Erklären Sie, weshalb der Wertansatz am Anfang des ersten Jahres lediglich 600€ beträgt.

Die Mehrwertsteuer muss aus dem Rechnungsbetrag herausgerechnet werden, da sie nicht abgeschrieben werden darf.

714€ - 119%

x – 100%

x = 600€

Aufgabe 35

Vervollständigen Sie die nachstehende Tabelle.

Jahr	Wert am Anfang des Geschäftsjahres	Abschreibung	Wert am Ende des Geschäftsjahres
2012	600 €	**200 €**	400 €
2013	**400 €**	200 €	**200 €**
2014	**200 €**	200 €	0 € bzw. 1 €

Hinweis

Abgeschriebene Güter behalten i.A. einen Erinnerungswert von einem Euro, solange sie sich im Unternehmen befinden.

Aufgabe 36

Skizzieren Sie den Verlauf der Wertentwicklung des PCs.

Buchwert des PCs

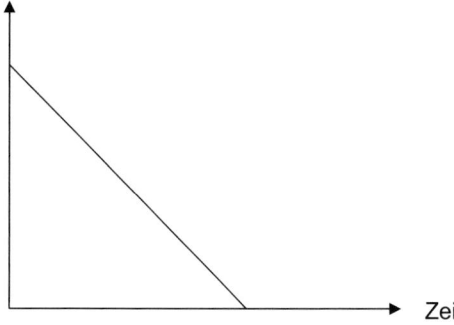

Zeit

Aufgabe 37

Ein Auto wird am 15. November angeschafft. Der Kaufpreis beträgt 36.000€ zzgl. MwSt. Die betriebsgewöhnliche Nutzungsdauer beträgt 6 Jahre. Ermitteln Sie die Höhe der Abschreibung für das Anschaffungsjahr.

36.000€ / 6 = 6.000€ p.a.
Im ersten Jahr Abschreibung für zwei Monate.
6.000€ * 2 Monate / 12 Monate = 1.000€ Abschreibungsbetrag im Anschaffungsjahr

Aufgabe 38

Erklären Sie, welche Auswirkung eine Abschreibung auf den Gewinn hat.
Eine Abschreibung stellt einen Aufwand dar und reduziert somit den Gewinn.

Aufgabe 39

Berechnen Sie die fehlenden Werte.

Jahr	Wert am **Anfang** des Geschäftsjahres	**Abschreibung** (25% vom Buchwert)	Wert am **Ende** des Geschäftsjahres
2010	30.000 €	7.500 €	22.500 €
2011	22.500 €	**5.625 €**	**16.875 €**
2012	**16.875 €**	4.219 €	12.656 €
2013	12.656 €	3.164 €	9.492 €
2014	9.492 €	2.373 €	7.119 €
2015	7.119 €	1.780 €	5.339 €

Aufgabe 40

Skizzieren Sie den Verlauf der Wertentwicklung des Autos.

Buchwert des Autos

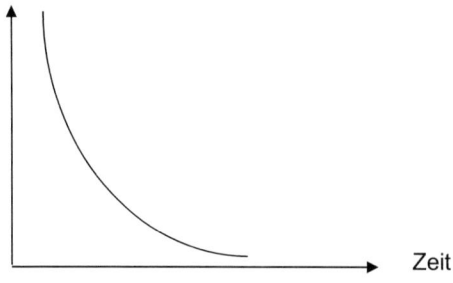

Aufgabe 41

Berechnen Sie den Erfolg des Unternehmens.

Erträge

Überlassung	1.500.000€	
Vermittlung	35.000€	
		1.535.000€

Aufwendungen

Personal*	1.275.000€	
Büro und Fuhrpark	75.000€	
Werbung**	107.450€	
Finanzierungskosten	20.000€	
Abschreibung	5.000€	1.428.450€

Erfolg (Gewinn)	**52.550€**

Anmerkung:

* Personal: 85% von 1,5 Mio.€ = 1.275.000€.
** Werbung: 7% von 1,535 Mio.€ = 107.450€.

Aufgabe 42

Eine Möglichkeit den Gewinn eines Unternehmens zu ermitteln ist die GuV-Rechnung. Nennen Sie eine weitere Möglichkeit, wie Sie den Jahresgewinn eines Unternehmens ermitteln können.

Vergleich des Eigenkapitals in der Schlussbilanz des Vorjahres mit dem Eigenkapital in der Schlussbilanz des aktuellen Geschäftsjahres.

Aufgabe 43

Entwerfen Sie in Partnerarbeit in Word und Excel eine Übungsaufgabe zur Berechnung des Erfolgs eines Unternehmens samt Musterlösung.

Individuell

Aufgabe 44

Skizzieren Sie in einem Kosten-Mengen-Diagramm den Verlauf proportionaler, überproportionaler sowie unterproportionaler variabler Kosten.

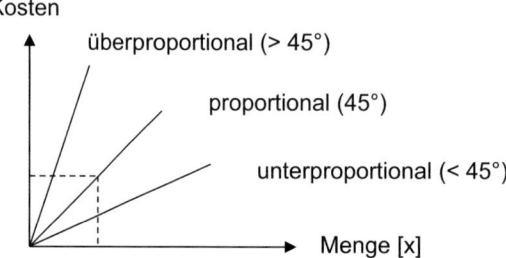

Aufgabe 45

Vervollständigen Sie die nachstehende Tabelle.

Produktionsmenge	pro Stück			insgesamt		
	k_v	k_f	k_g	K_v	K_f	K_g
1	100 €	2.000 €	2.100 €	100 €	2.000 €	2.100 €
5	100 €	400 €	500 €	500 €	2.000 €	2.500 €
10	100 €	200 €	300 €	1.000 €	2.000 €	3.000 €

Aufgabe 46

Zeichnen Sie (d.h. <u>exaktes</u> Zeichnen) die Kostenverläufe in der Betrachtung pro Stück (k_v, k_f, k_g) sowie in der Gesamtbetrachtung (K_v, K_f, K_g) jeweils in ein Diagramm. Nutzen Sie unterschiedliche Farben für variable, fixe sowie die gesamten Kosten.

Kosten pro Stück

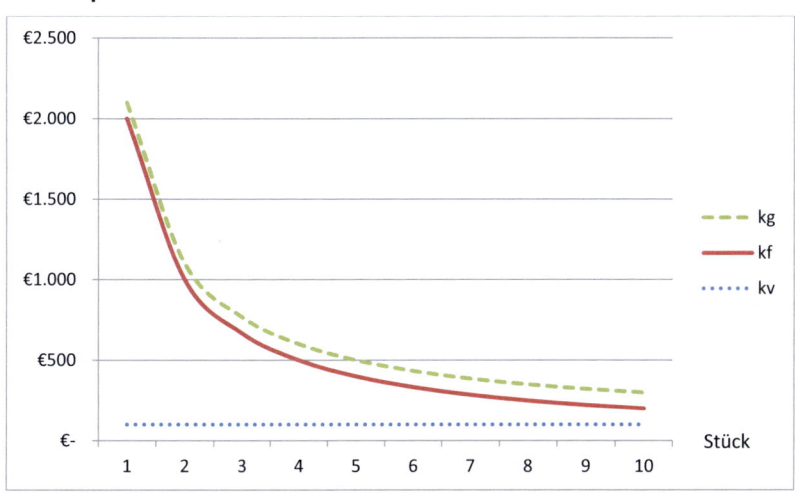

Kosten insgesamt

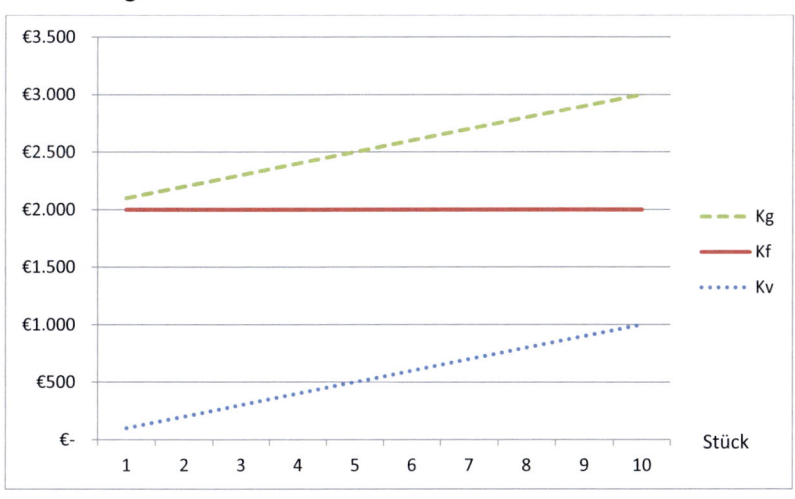

Aufgabe 47

Welche variablen und welche fixen Kosten fallen in Ihrem Ausbildungsbetrieb an? Notieren Sie nachstehend jeweils drei Kosten.

Variable Kosten
- **Büromaterial**
- **Überstundenzulage**
- **Benzin für PKW**
- etc.

Fixe Kosten
- **Interne Mitarbeiter**
- **Miete**
- **Versicherungen**
- etc.

Aufgabe 48

Häufig werden Unternehmenszusammenschlüsse damit begründet, dass Kosten eingespart werden. Trifft dies in erster Linie auf die fixen oder die variablen Kosten zu? Begründen Sie Ihre Antwort kurz.

Dies trifft v.a. auf die fixen Kosten zu. So erhoffen sich Unternehmen durch einen Zusammenschluss beispielsweise interne (Verwaltungs-)Mitarbeiter einzusparen.

Aufgabe 49

Nennen Sie Gemeinkosten, die in Ihrem Unternehmen anfallen.

Gemeinkosten: Miete, Zinsen, Personalaufwand interner Mitarbeiter, Fuhrpark, etc.

Aufgabe 50

Beurteilen Sie, ob diese Annahmen realistisch sind.

Nein, diese Annahmen sind in der Praxis grundsätzlich nicht (alle) erfüllt. Die Annahmen werden jedoch getroffen, um die komplexe Praxis durch ein einfacheres theoretisches Modell abbilden und damit in der Wissenschaft arbeiten zu können.

Aufgabe 51

Ein Unternehmen stellt ein Produkt her, dessen variablen Stückkosten 52,50 € betragen. Die Fixkosten pro Periode belaufen sich auf 312.000 €, der Verkaufspreis beträgt 114,90 €. Berechnen Sie den Deckungsbeitrag pro Stück.

$db = p - k_v$
$= 114{,}90 - 52{,}50 = 62{,}40$ €

Aufgabe 52

Berechnen Sie, wie viele Güter das Unternehmen verkaufen muss, um keinen Verlust zu machen (Gewinnschwelle).

x = K_f / db

  = 312.000 / 62,40 = 5.000 Stück

Aufgabe 53

Das bereits aus der vorherigen Aufgabe bekannte Unternehmen plant einen Gewinn von 62.400€. Weiterhin gilt: variable Stückkosten 52,50 €, Fixkosten 312.000 €, Verkaufspreis 114,90 €. Berechnen Sie die zur Erreichung des geplanten Gewinns nötige Absatzmenge.

x = (K_f+ G) / db

  = (312.000 + 62.400) / 62,40 = 6.000 Stück

Aufgabe 54

Sie kalkulieren 5.000 Stück Ihres Gutes abzusetzen. Ihre Fixkosten betragen 100.000€, ihre variablen Kosten 30€ pro Stück. Begründen Sie, welchen Preis Sie kurzfristig und welchen Preis Sie langfristig mindestens verlangen.

Die kurzfristige Preisuntergrenze sind die variablen Stückkosten, also 30€. Diese Kosten fallen nur durch die Annahme des Auftrags an und müssen zumindest gedeckt sein.

Langfristig müssen auch die Fixkosten gedeckt sein, d.h. 100.000€ / 5.000 St. = 20€ fixe Stückkosten + 30€ variable Stückkosten = 50€

Aufgabe 55

Belegen Sie rechnerisch, ob die Annahme des Zusatzauftrags betriebswirtschaftlich sinnvoll ist. Berechnen Sie hierzu zunächst den Gewinn ohne den Zusatzauftrag, dann den Gewinn mit Annahme des Zusatzauftrags.

Ohne Zusatzauftrag:

Gewinn = E - K

  = p * x – (k_v * x + K_f)

  = 220 * 800 – (80 * 800 + 100.000)

  = 12.000€

Mit Zusatzauftrag:

Gewinn $= E - K$
$= p * x - (k_v * x + K_f)$
$= 220 * 800 + 180 * 200 - (80 * 1000 + 100.000)$
$= 32.000€$

Die Annahme des Zusatzauftrags ist folglich ökonomisch sinnvoll.

Aufgabe 56

Nennen Sie zehn Kosten, die in Ihrem Ausbildungsunternehmen anfallen.

Interne und externe Personalkosten (Löhne/Gehälter/Ausbildungsvergütung und Sozialabgaben), Miete und Nebenkosten, Kommunikation (Internet, Handy, Telefon), Büroausstattung, Werbung, Versicherungen, betriebliche Steuern, Finanzierungskosten für Kredite, Firmenwagen, Kammerbeiträge, etc.

Aufgabe 57

Berechnen Sie die tatsächlichen Arbeitstage eines Mitarbeiters in einem Jahr, das kein Schaltjahr ist. Unterstellen Sie, dass es so viele Samstage und Sonntage pro Jahr gibt, wie das Jahr Wochen hat. Gehen Sie des Weiteren davon aus, dass der Arbeitnehmer den gesetzlichen Mindesturlaub (basierend auf einer 5-Tage-Woche) erhält, es acht Feiertage gibt, die nicht auf einen Samstag oder Sonntag fallen, und der Arbeitnehmer im Durchschnitt acht Tage pro Jahr krank ist.

Das Jahr hat 365 Tage. Bei 52 Wochen gibt es 104 Samstage und Sonntage. Der gesetzliche Mindesturlaub beträgt nach §3 BUrlG 20 Tage.

Tage pro Jahr	365
- Samstage und Sonntage	104
- Feiertage	8
- Urlaubstage	20
- Krankheitstage	8
= tatsächliche Arbeitstage	**225**

Aufgabe 58

Berechnen Sie die Anzahl der fakturierfähigen Stunden eines PDL-Unternehmens, das im Jahresdurchschnitt 90 externe Mitarbeiter beschäftigt. Unterstellen Sie 225 Anwesenheitstage, an denen die Mitarbeiter sieben Stunden pro Tag anwesend sind. Die Mitarbeiter sind im Schnitt so ausgelastet, dass Sie 95% der von Ihnen bezahlten Arbeitszeit Kunden in Rechnung stellen können.

Berechnung der fakturierfähigen Stunden

Arbeitsstunden pro Tag	7
* Anwesenheitstage	225
= tatsächliche Anwesenheitsstunden im Jahr	1.575
* Anzahl der externen Mitarbeiter	90
* Auslastungsfaktor	0,95
= fakturierfähige Stunden	**134.662,5**

Aufgabe 59

Nehmen Sie an, dass das Unternehmen jährliche Gesamtkosten i.H.v. 3 Mio. € hat. Berechnen Sie den Stundenverrechnungssatz, den das Unternehmen im Durchschnitt erzielen muss, damit alle Kosten gedeckt sind. Runden Sie kaufmännisch.

3 Mio. € / 134.662,5 Std. = 22,28€.

Aufgabe 60

Nehmen Sie an, dass sich aufgrund einer konjunkturellen Eintrübung die durchschnittliche Überlassungsdauer der Zeitarbeitnehmer in einem Unternehmen reduziert. Erklären Sie, welche Auswirkung dies vermutlich auf die Anzahl der fakturierfähigen Stunden hat.

Die Anzahl der fakturierfähigen Stunden dürfte sinken, da nun mehr Kundenunternehmen benötigt werden, um auf dieselbe Anzahl an überlassenen Stunden zu kommen. Dies ist insbesondere in einer Phase der konjunkturellen Eintrübung schwieriger zu realisieren.

Aufgabe 61

Unterstellen Sie, dass sich aufgrund der gesunkenen durchschnittlichen Überlassungsdauer die Anzahl der Stunden erhöht, in der die externen Mitarbeiter nicht eingesetzt werden können. Die Auslastung beträgt nun nur noch 90%. Kalkulieren Sie den nun benötigten Stundenverrechnungssatz, um gerade kostendeckend zu arbeiten.

3 Mio. € / 127.575 Std. = 23,52€.

Aufgabe 62

Berechnen Sie, wie hoch der Gewinn des Unternehmens mit dem neuen Auslastungsfaktor von 0,9 ausfällt. Unterstellen Sie, dass das Unternehmen einen durchschnittlichen Stundenverrechnungssatz von 22,28€ erzielt.

Umsatzerlöse: 127.575 Std. * 22,28€/Std.	2.842.371€
- Kosten	3.000.000€
= Gewinn	**-157.629€ (Verlust)**

Aufgabe 63

Ihrem Unternehmen wird eine neue Software angeboten, mit der Ihr Unternehmen Abläufe optimieren kann. Die erhöhte Produktivität würde dazu führen, dass sich die Auslastung von ursprünglich 95% auf nun 97% erhöht. Unterstellen Sie folgende Angaben:

- Gesamtkosten (ohne die Software): 3 Mio.€.
- tatsächliche Anwesenheitsstunden pro Zeitarbeitnehmer im Jahr: 1.575 Stunden.
- 90 Zeitarbeitnehmer.
- Stundenverrechnungssatz von 22,28€.

Die jährliche Gebühr für die Software beträgt 40.000€. Zeigen Sie rechnerisch, dass sich die Investition in die Software im aktuellen Geschäftsjahr betriebswirtschaftlich lohnt.

Arbeitsstunden pro Tag	7
* Anwesenheitstage	225
= tatsächliche Anwesenheitsstunden im Jahr	1.575
* Anzahl der externen Mitarbeiter	90
* Auslastungsfaktor	0,97
= fakturierfähige Stunden	**137.497,5**
Umsatz bei verändertem Auslastungsfaktor	3.063.444,30 €
- Kosten	3.000.000,00 €
- Softwarelizenz	40.000,00 €
= zusätzlicher Gewinn	**23.444,30 €**

Aufgabe 64

In einer wissenschaftlichen Studie lesen Sie, dass die Einführung eines Gesundheitsmanagements - bestehend aus Informationskursen zur richtigen Ernährung, dem kostenfreien Bereitstellen von Obst für alle Mitarbeiter - den durchschnittlichen Krankenstand um einen Tag pro reduziert. Berechnen Sie auf Basis der Daten der Ausgangssituation[26], wie teuer das Gesundheitsmanagement pro Jahr sein darf, dass dessen Einführung betriebswirtschaftlich sinnvoll ist.

Arbeitsstunden pro Tag	7
* Anwesenheitstage **(+ 1 zusätzlicher Tag durch Gesundheitsmanagement)**	**226**
= tatsächliche Anwesenheitsstunden im Jahr	1.582
* Anzahl der externen Mitarbeiter	90
* Auslastungsfaktor	0,95
= fakturierfähige Stunden	135.261
Umsatz mit Gesundheitsmanagement	3.013.615,08 €
- Kosten (noch ohne Gesundheitsmanagement)	3.000.000,00 €
maximale Kosten für Gesundheitsmanagement	**13.615,08 €**

Aufgabe 65

Entwerfen Sie in Partnerarbeit in Word / Excel eine Übungsaufgabe zur Berechnung des Stundenverrechnungssatzes samt Musterlösung.
Individuell

---

[26] 7 Arbeitsstunden pro Tag, 225 Anwesenheitstage pro Jahr, 90 Zeitarbeitnehmer, 95% Auslastung, 22,28€ Stundenverrechnungssatz und 3 Mio. € Kosten.

Aufgabe 66

Ein Kunde Ihres Ausbildungsunternehmens benötigt zwei Ihrer Mitarbeiter für vier Wochen à 5 Tage mit je 7 Stunden. Eine besondere Schutzausrüstung muss den Mitarbeitern nicht gestellt werden, auch fallen keine Sondereinzelkosten für diesen Auftrag an. Sie vereinbaren mit Ihrem Kunden einen Stundenverrechnungssatz von 21,50€. Kalkulieren Sie den Netto- sowie den Bruttoangebotspreis, unterstellen Sie dabei einen Gewinnaufschlag von 10%.

Anzahl der Stunden (7 Std. * 5 Tage * 4 Wochen * 2 AN)	280
* Stundenverrechnungssatz	21,50 €
= Lohnsumme	**6.020,00 €**
+ ggf. Materialkosten (z.B. besondere PSA für diesen Auftrag)	0
+ ggfs. Sondereinzelkosten	0
= Selbstkosten	**6.020,00 €**
+ Gewinnaufschlag (10%)	602,00 €
= netto Angebotspreis	**6.622,00 €**
+ Mehrwertsteuer (19%)	1.258,18 €
= brutto Angebotspreis	**7.880,18 €**

Aufgabe 67

Ihr Mitauszubildender fragt Sie: „Müssen wir bei der Berechnung des Angebotspreises nicht noch zusätzlich berücksichtigen, dass wir auch die internen Personalkosten und die Miete für das Büro bezahlen müssen?" Erklären Sie ihm, weshalb er sich irrt.

Die Kosten des Unternehmens – wie z.B. die Kosten für das interne Personal und die Büromiete – sind bereits im Stundenverrechnungssatz enthalten.

Aufgabe 68

Nehmen Sie an, der Stundenverrechnungssatz i.H.v. 21,50€ setzt sich aus 80% variablen und 20% fixen Kosten zusammen. Ihre externen Mitarbeiter sind gerade nicht vollständig ausgelastet. Der Kunde lehnt den üblichen Stundenverrechnungssatz als zu hoch ab und bietet Ihnen stattdessen 18€ an. Begründen Sie, ob Sie das Angebot des Kunden annehmen und Ihren Mitarbeiter zum reduzierten Preis von 18€ pro Stunde überlassen.

Da die Mitarbeiter anderweitig nicht eingesetzt werden können, ist es auf kurze Sicht ökonomisch sinnvoll das Angebot anzunehmen, wenn der erzielbare Preis zumindest die variablen Kosten deckt. Dies ist der Fall, da die variablen Kosten lediglich 17,20€ (80% von 21,50€) betragen.

Aufgabe 69

Unterstellen Sie, dass Sie das Angebot des Kunden annehmen und die Mitarbeiter für einen Stundenverrechnungssatz von 18€ überlassen. Erörtern Sie Vor- und Nachteile dieser Entscheidung.

Vorteile: Der Kunde kann an das Unternehmen gebunden werden, evtl. sind Folgeaufträge möglich. Der positive Deckungsbeitrag wirkt sich positiv auf das Gesamtergebnis aus, da die variablen Kosten gedeckt sind und somit der Auftrag dazu beiträgt, die Fixkosten zu decken. Zudem sind die externen Mitarbeiter beschäftigt und wechseln evtl. nicht zur Konkurrenz.

Nachteile: Möglicherweise ist es bei zukünftig bei diesem Kunden schwerer, den üblichen Stundenverrechnungssatz durchzusetzen. Zudem besteht die Gefahr, dass der Kunde von seinem „Verhandlungserfolg" berichtet und andere Kunden nun ebenfalls einen reduzierten Stundenverrechnungssatz haben möchten.

Aufgabe 70

Ein besonders wichtiger Kunde beschwert sich, dass die von Ihrem Unternehmen überlassenen drei Mitarbeiter nicht die angeforderten Qualifikationen aufweisen. Der Kunde schickt die drei Mitarbeiter am Ende des ersten Arbeitstages nach sieben Stunden mit den Worten nach Hause, dass sie morgen nicht mehr kommen sollen. Gleichlautend informiert er Sie telefonisch hierüber und merkt an, dass er den Arbeitstag für die überlassenen Mitarbeiter nicht bezahlen will. Berechnen Sie die „Kosten", die Ihrem Unternehmen entstehen, wenn Sie auf eine Bezahlung der drei Mitarbeiter verzichten.

21,50€/Std. * 7 Stunden * 3 AN = 451,50€.

Bei Verzicht auf die Bezahlung ist der Stundenverrechnungssatz anzusetzen. Hierin sind alle Kosten anteilig enthalten.

Alternativer Ansatz:

Abgesehen von einem möglichen Fahrgeld und eventuell gezahltem VMA sind dem Unternehmen keine zusätzlichen (variablen) Kosten entstanden. Somit könnte auch argumentiert werden, dass lediglich die variablen Kosten (Fahrgeld, VMA) entstanden sind, die deutlich unter dem Stundenverrechnungssatz liegen.

Weiterer alternativer Ansatz:

Ansatz der Opportunitätskosten als „Kosten" für die Nichtinrechnungstellung. Wäre es möglich gewesen, die drei Mitarbeiter statt zu diesem Kunden zu einem anderen Kunden zu schicken, könnte nach dieser Überlegung der entgangene Tagessatz für die Mitarbeiter angesetzt werden.

Aufgabe 71

Nehmen Sie an, Sie entsprechen der Forderung Ihres Top-Kunden und verzichten auf die Bezahlung der drei Mitarbeiter für diesen Tag. Zusammen mit einer anderen Rechnungskorrektur betragen Ihre „Kosten" aufgrund der Fehlbesetzung insgesamt 500€. Berechnen Sie, wie viele Stunden bzw. Tage Sie bei einem Stundenverrechnungssatz von 21,50€ verkaufen müssen, damit der damit erzielte Gewinn bei einem Gewinnzuschlag von 10% die Fehlbesetzungskosten ausgleicht.

500€ - 10%
x – 100%
x = 5.000€ benötigter Umsatz.

5.000€ / (21,50€/Std. + 10% Gewinnzuschlag)
= 5.000€ / 23,65€/Std.
= 211,42 Stunden. Dies entspricht bei 7 Stunden pro Tag 30,2 Tagen.

Aufgabe 72

Entwerfen Sie in Partnerarbeit in Word / Excel eine Übungsaufgabe zur Berechnung des Angebotspreises samt Musterlösung.
Individuell

Aufgabe 73

Berechnen Sie die Kosten, die Ihrem Unternehmen pro Stunde entstehen (Selbstkosten).

Stundenlohn		9,15€
+ AG-Anteil SV	20%	1,83€
+ sonstige Lohnnebenkosten	70%	6,41€
+ indirekte Kosten	20%	1,83€
Selbstkosten		**19,22€**

Aufgabe 74

Sie bieten dem Kunden einen Stundenverrechnungssatz von 20,50€ an. Berechnen Sie den Gewinnaufschlag in Prozent.

Gewinnaufschlag (20,50€ - 19,22€ =) 1,28€.

1,28€ / 19,22€ * 100 = 6,66%.

Aufgabe 75

Ermitteln Sie nachvollziehbar und unter Berücksichtigung eventueller Branchenzuschläge den Stundenlohn, den ein überlassener Mitarbeiter in der 6., in der 9. sowie in der 15. Woche erhält.

6. Woche: 10,81€, kein Zuschlag.

9. Woche: 10,81€ + 10% Branchenzuschlag = 11,89€.

15. Woche: 10,81€ + 14% Branchenzuschlag = 12,32€, aber Deckelung auf 90% von 13,50€ = 12,15€.

Aufgabe 76

Ihr Personaldienstleistungsunternehmen kalkuliert mit einem mittleren Faktor von 2,1, unabhängig davon, ob ein Branchenzuschlag anfällt oder nicht. Berechnen Sie nachvollziehbar den Tagesumsatz, den Ihr Unternehmen in der ersten Woche für die Überlassung eines Mitarbeiters erzielt.

10,81€ * 8 Std. * 2,1 = 181,61€

Aufgabe 77

Ihrem Verhandlungspartner beim Kunden erscheint der Tagessatz sehr hoch, schließlich bekomme ein eigener Mitarbeiter deutlich weniger Tageslohn. Erklären Sie Ihrem Verhandlungspartner anhand von drei Argumenten, weshalb seine Sichtweise zu kurz greift.

Im Tagessatz für das PDL-Unternehmen sind weitere Kosten abgedeckt, wie z.B. Krankheit, Urlaub, Weiterbildung des externen Mitarbeiters sowie interne Verwaltungskosten oder Suchkosten.

Aufgabe 78

Die Überlassung der beiden Mitarbeiter endet planmäßig nach 15 Wochen. Der Kunde war sehr zufrieden und fragt zehn Wochen später erneut wegen einer Überlassung der beiden Mitarbeiter an, um eine einwöchige Auftragsspitze abzufangen. Berechnen Sie nachvollziehbar den Rechnungsbetrag, den der Kunde für die einwöchige Überlassung an Ihr Personaldienstleistungsunternehmen bezahlen muss.

Die Unterbrechung ist beträgt weniger als 3 Monate, d.h. Branchenzuschlag bleibt bei 14% und Deckelung.

12,15€ * 8 Std./Tag * 5 Tage * 2,1 Faktor * 2 Zeitarbeitnehmer = 2.041,20€ (netto)

+ MwSt 19 % (387,83€) = 2.429,03€ (Rechnungsbetrag brutto).

Aufgabe 79

Berechnen Sie die Anzahl der kalkulierten überlassenen Arbeitstage.

225 Arbeitstage insgesamt, davon Überlassung an 92% = 207 Arbeitstage.

Aufgabe 80

Berechnen Sie die kalkulierte durchschnittliche Überlassungsdauer pro Auftrag.

207 Arbeitstage / Anzahl Überlassungen p.a. = 51,75 Tage durchschnittliche Überlassungsdauer.

Aufgabe 81

Ein Kunde war mit dem Zeitarbeitnehmer sehr zufrieden und behielt ihn für die doppelte der kalkulierten Überlassungsdauer. Erklären Sie, welche Auswirkung dies ceteris paribus, d.h. unter sonst unveränderten Bedingungen, auf den Jahresüberschuss des Unternehmens hat.

Der Jahresüberschuss erhöht sich, da durch das Einsparen einer Überlassung die damit für das PDL-Unternehmen verbundenen Kosten niedriger ausfallen.

Aufgabe 82

Angenommen, die Bundesregierung beschloss die Beitragssätze für die Rentenversicherung zum 1. November um einen halben Prozentpunkt abzusenken. Erklären Sie, welche Auswirkung dies für das Unternehmen hat.

Durch die Absenkung des Beitragssatzes zur gesetzlichen Rentenversicherung reduzierte sich der Arbeitgeberanteil an den Sozialversicherungen ab dem 1. November. Wenn die Kalkulation kurz vor Geschäftsjahresende nicht angepasst wurde, erhöht dies den Jahresüberschuss, da im Verrechnungssatz weiterhin mit dem höheren Rentenversicherungsbeitrag kalkuliert wird.

Aufgabe 83

Berechnen Sie die neue pauschale Kalkulationsgrundlage für den Arbeitgeberanteil an den Sozialversicherungen, wenn die anderen Sozialversicherungen unverändert bleiben.

Da der Beitrag hälftig von Arbeitnehmer und Arbeitgeber gezahlt wird, bedeutet eine Absenkung um einen halben Prozentpunkt, dass das Unternehmen einen Viertelprozentpunkt spart, d.h. der Arbeitgeberanteil an den Sozialversicherungen sinkt von 20% auf 19,75%.

Aufgabe 84

Das Personaldienstleistungsunternehmen möchte expandieren. Hierfür wurde im August des Geschäftsjahres ein repräsentatives Büro in der Innenstadt in bester Lage angemietet. Erklären Sie, welche Auswirkung dies ceteris paribus auf den Stundenverrechnungssatz für das kommende Geschäftsjahr hat.

Durch die höhere Miete steigt der Zuschlag für die anteiligen Fixkosten und damit der Stundenverrechnungssatz. Dies kann wiederum zu sinkenden Umsätzen und zu einem niedrigeren Jahresüberschuss führen, da aufgrund des höheren Stundenverrechnungssatzes die Nachfrage nach Überlassung von Mitarbeiter zurückgehen könnte.

Aufgabe 85

Ihnen liegt folgende Übersicht zu den geplanten und den tatsächlichen Kosten für das abgelaufene Geschäftsjahr vor. Stellen Sie diesen Sachverhalt in geeigneter Weise einmal in absoluten Euro-Beträgen und einmal in relativen Prozentwerten grafisch dar.

Kosten	**geplant**	**tatsächlich**
Miete	24.000,00 €	24.000,00 €
Nebenkosten	3.000,00 €	3.500,00 €
Fuhrpark	20.000,00 €	23.000,00 €
internes Personal	150.000,00 €	140.000,00 €

Individuell, bspw.:

Vergleich Plan- und Istkosten: Gesamtbetrachtung absolut in Euro-Beträgen

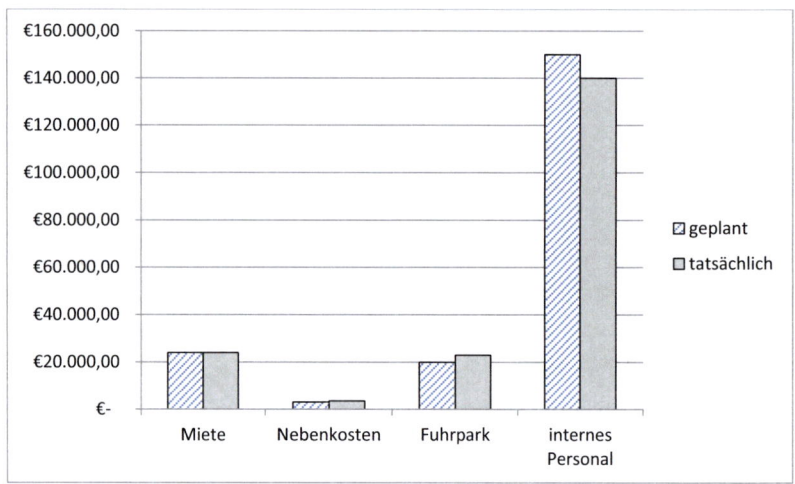

Vergleich Plan- und Istkosten: Gesamtbetrachtung relativ in Prozentwerten

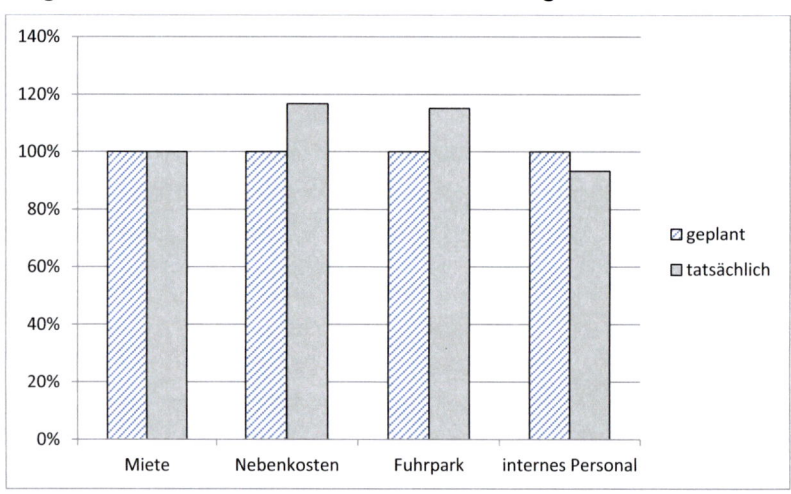

Aufgabe 86

Sie erhalten die Aufgabe, die Abweichungen der Ist- von den Plankosten festzustellen. Stellen Sie diese Abweichungen in geeigneter Weise einmal in absoluten Euro-Beträgen und einmal in relativen Prozentwerten grafisch dar.

Individuell, bspw.:

Vergleich Plan- und Istkosten: Abweichung absolut in Euro-Beträgen

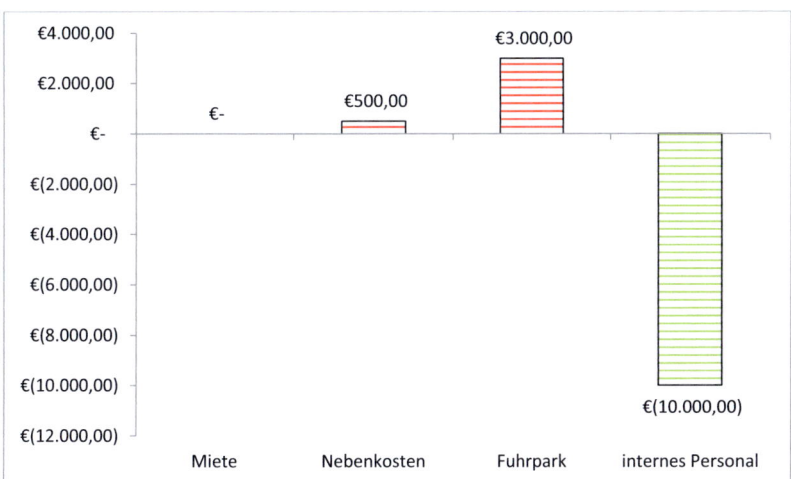

Vergleich Plan- und Istkosten: Abweichung relativ in Prozentwerten

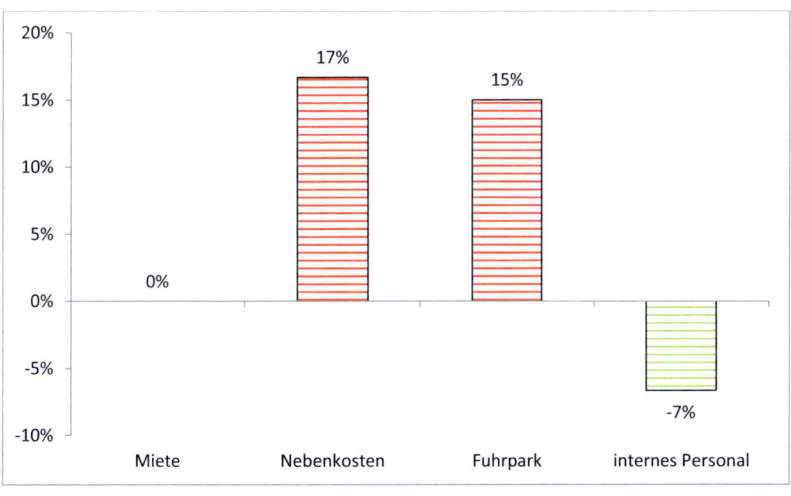

Aufgabe 87

Erörtern Sie einen Vor- und einen Nachteil der relativen Darstellung.

Vorteile der relativen Betrachtungsweise sind darin zu sehen, dass Kosten unabhängig von der absoluten Größe gut miteinander verglichen werden können, da die Abweichungen in Bezug zu ihrer Ausgangsgröße gesetzt werden. Im obigen Beispiel wirkt die Kostenunterdeckung des Fuhrparks (3.000€) im Vergleich zur Kostenunterdeckung bei den Nebenkosten (500€) den Eindruck, dass die Fuhrparkkosten deutlich stärker als die Nebenkosten angestiegen sind. Die relative Betrachtung macht hingegen deutlich, dass die Nebenkosten stärker als die Fuhrparkkosten gestiegen sind.

Ein Nachteil der relativen Betrachtungsweise ist darin zu sehen, dass die Bedeutung der einzelnen Kosten für das Gesamtergebnis nicht berücksichtigt wird. Der Rückgang der Kosten für das interne Personal (-7%) wirkt kleiner als die Kostensteigerungen bei den Nebenkosten (+17%) und dem Fuhrpark (+15%). Die Analyse der absoluten Werte zeigt jedoch auf, dass die Kostenüberdeckung i.H.v. 7% bei den internen Kosten eine Ersparnis von 10.000€ bedeutet, während die zusätzlichen Kosten bei den Nebenkosten 500€ und beim Fuhrpark mit 3.000€ sich auf lediglich 3.500€ addieren.

Die Vor- und Nachteile der absoluten Betrachtung ergeben sich spiegelbildlich.

Aufgabe 88

Übertragen Sie die Kosten in die unten stehende Tabelle und ermitteln Sie die Summe der im Jahr anfallenden Kosten.

Kostenart	Kosten p.M.	Kosten p.a.
Geschäftsführer (incl. AG-SV)	3.600,00 €	43.200,00 €
Internes Personal (incl. AG-SV)	2.400,00 €	28.800,00 €
Externes Personal (incl. AG-SV)	0	- €
Materialkosten (PSA[27])	0	- €
Miete	1.000,00 €	12.000,00 €
Nebenkosten	200,00 €	2.400,00 €
Zinsen	100,00 €	1.200,00 €
Abschreibungen		5.000,00 €
Summe		**92.600,00 €**

---

[27] **P**ersönliche **S**chutz**a**usrüstung

Aufgabe 89

Vervollständigen Sie die nachstehende Tabelle und ermitteln Sie das EBITDA (Betriebsergebnis).

Umsatz	**102.000,00 €**
- Kosten externes Personal	- €
- Materialkosten	- €
= Bruttoergebnis	**102.000,00 €**
- Miete	12.000,00 €
- Nebenkosten	2.400,00 €
- Kosten internes Personal	72.000,00 €
= EBITDA (Betriebsergebnis)	**15.600,00 €**

Aufgabe 90

Nehmen Sie an, im Nachbarort befindet sich ein ebenfalls auf Personalvermittlung spezialisiertes Personaldienstleistungsunternehmen. Dieses ist jedoch schon vor knapp zehn Jahren gegründet worden. Seit der Gründung werden der gleiche Firmenwagen und weitgehend dieselbe Büroeinrichtung genutzt. Begründen Sie, weshalb das EBITDA eine für einen Branchenvergleich geeignete Kennzahl darstellt.

Beim EBITDA werden u.a. Abschreibungen nicht berücksichtigt, sodass der Vergleich nicht durch eine unterschiedlich hohe Abschreibung verzerrt wird, die durch die unterschiedlichen Anschaffungszeiträume z.B. der BGA, des Fuhrparks entsteht.

Aufgabe 91

Sie möchten den Jahresüberschuss von Birgit mit dem Erfolg ähnlicher Unternehmen in der Schweiz und dem Elsass vergleichen. Welches Problem kann hierbei auftreten?

Da sich die Steuergesetzgebung von Land zu Land unterscheidet, kann bei gleichem Vorsteuerergebnis der Jahresüberschuss unterschiedlich ausfallen.

Aufgabe 92

Erläutern Sie, weshalb Margen sich besser als absolute Zahlen zum Vergleich von Unternehmen eignen.

Würden absolute Zahlen betrachtet, wären große Unternehmen gegenüber kleinen Unternehmen im Vorteil, da sie i.d.R. einen absolut betrachtet höheren Gewinn erwirtschaften.

Aufgabe 93

Für das Unternehmen von Birgit liegt am Jahresende folgende GuV vor. Berechnen Sie die Margen für Birgits Personaldienstleistungsunternehmen.

Umsatz	102.000,00 €		
- Kosten externes Personal	- €		
- Materialkosten (PSA)	- €		
= Bruttoergebnis	102.000,00 €	100,0%	Bruttomarge
- Miete	12.000,00 €		
- Nebenkosten	2.400,00 €		
- Kosten internes Personal	72.000,00 €		
= EBITDA (Betriebsergebnis)	15.600,00 €	15,3%	EBITDA-Marge
- Abschreibungen	5.000,00 €		
= EBIT (operatives Vorsteuerergebnis)	10.600,00 €	10,4%	EBIT-Marge
- Zinsen	1.200,00 €		
= EBT (Vorsteuerergebnis)	9.400,00 €	9,2%	EBT-Marge
- Steuern	940,00 €		
= Jahresüberschuss	8.460,00 €	8,3%	Nettomarge

Aufgabe 94

Berechnen Sie, welchen durchschnittlichen Stundenverrechnungssatz Anton erzielt. Runden Sie kaufmännisch.

410.000€ Umsatz pro Monat / 180 AN / 7 Stunden pro Tag pro AN / 18 Tage pro Monat = 18,08€.

Aufgabe 95

Vervollständigen Sie die unten stehende Tabelle und zeigen Sie, dass der Jahresüberschuss 270.200€ beträgt.

Umsatz	**4.920.000,00 €**
- Kosten externes Personal*	4.320.000,00 €
- Materialkosten (PSA)	12.000,00 €
= Bruttoergebnis	**588.000,00 €**
- Miete	36.000,00 €
- Nebenkosten	6.000,00 €
- Kosten internes Personal**	144.000,00 €
= EBITDA (Betriebsergebnis)	**402.000,00 €**
- Abschreibungen	10.000,00 €
= EBIT (operatives Vorsteuerergebnis)	**392.000,00 €**
- Zinsen	6.000,00 €
= EBT (Vorsteuerergebnis)	**386.000,00 €**
- Steuern (30%)	115.800,00 €
= Jahresüberschuss	**270.200,00 €**

Anmerkung:

* Kosten externes Personal: 180 AN * 2.000€/AN * 12 Monate.

** Kosten internes Personal: ((3 AN * 2.000€/AN + Geschäftsführer 4.000€) + 20% AG-Anteil an den Sozialversicherungen) * 12 Monate.

Aufgabe 96

Berechnen Sie die Brutto-, die EBITDA-, die EBIT-, die EBT sowie die Nettomarge von Antons Unternehmen.

Umsatz	4.920.000,00 €		
- Kosten externes Personal	4.320.000,00 €		
- Materialkosten (PSA)	12.000,00 €		
= Bruttoergebnis	588.000,00 €	12,0%	Bruttomarge
- Miete	36.000,00 €		
- Nebenkosten	6.000,00 €		
- Kosten internes Personal	144.000,00 €		
= EBITDA (Betriebsergebnis)	402.000,00 €	8,2%	EBITDA-Marge
- Abschreibungen	10.000,00 €		
= EBIT (operatives Vorsteuerergebnis)	392.000,00 €	8,0%	EBIT-Marge
- Zinsen	6.000,00 €		
= EBT (Vorsteuerergebnis)	386.000,00 €	7,8%	EBT-Marge
- Steuern (30%)	115.800,00 €		
= Jahresüberschuss	270.200,00 €	5,5%	Nettomarge

Aufgabe 97

Vergleichen Sie die GuV sowie die Margen von Birgit und Anton. Begründen Sie, welches Unternehmen erfolgreicher ist.

	Birgit		Anton		
Umsatz	102.000,00 €		4.920.000,00 €		
- Kosten externes Personal	- €		4.320.000,00 €		
- Materialkosten (PSA)	- €		12.000,00 €		
= Bruttoergebnis	102.000,00 €	100,0%	588.000,00 €	12,0%	Bruttomarge
- Miete	12.000,00 €		36.000,00 €		
- Nebenkosten	2.400,00 €		6.000,00 €		
- Kosten internes Personal	72.000,00 €		144.000,00 €		
= EBITDA	15.600,00 €	15,3%	402.000,00 €	8,2%	EBITDA-Marge
- Abschreibungen	5.000,00 €		10.000,00 €		
= EBIT	10.600,00 €	10,4%	392.000,00 €	8,0%	EBIT-Marge
- Zinsen	1.200,00 €		6.000,00 €		
= EBT	9.400,00 €	9,2%	386.000,00 €	7,8%	EBT-Marge
- Steuern	940,00 €		115.800,00 €		
= Jahresüberschuss	8.460,00 €	8,3%	270.200,00 €	5,5%	Nettomarge

Birgit hat absolut betrachtet einen deutlich niedrigeren Umsatz und einen deutlich geringeren Jahresüberschuss als Anton. Dies spricht dafür, dass Antons Unternehmen erfolgreicher ist.

Werden hingegen die Margen, also relative Werte im Verhältnis zum Umsatz, betrachtet, so zeigt sich, dass Birgit erfolgreicher ist. Ihre Margen sind deutlich höher als diejenigen von Anton.

Aufgabe 98

Erklären Sie, weshalb Birgit einen Steuersatz von 10% hat, während dieser bei Anton 30% beträgt.

Die Höhe des Steuersatzes hängt bei eingetragenen Kaufleuten u.a. von der Höhe des Gewinns des Unternehmens ab. Mit steigendem Gewinn steigt gleichfalls der prozentuale Steuersatz.

Aufgabe 99

Unterscheiden Sie die Kosten von Birgit und Anton in fixe (K_f) und variable Kosten (K_v).

	Birgit	Anton
Umsatz		
- Kosten externes Personal	-	K_f
- Materialkosten (PSA)	-	K_v
= Bruttoergebnis		
- Strom und Gas	K_f	K_f
- Miete (komplettes Jahr)	K_f	K_f
- Personal	K_f	K_f
= Betriebsergebnis		
- Abschreibungen / + Zuschreibungen	K_f	K_f
= operatives Vorsteuerergebnis		
- Zinsen	K_f	K_f
= Vorsteuerergebnis		
- Steuern (10%)	K_v	K_v
= Jahresüberschuss		

Anmerkung:
Personalkosten sind für interne und externe Mitarbeiter nach der Probezeit zumindest kurzfristig aufgrund des Kündigungsschutzes als fix anzunehmen.
Zu den Kündigungsfristen siehe §622 BGB.

Aufgabe 100

Begründen Sie, weshalb Sie bei der Neuberechnung des Jahresüberschusses die Positionen, deren Kosten fix sind, eins zu eins aus der ursprünglichen Kalkulation vor dem Wirtschaftsabschwung übernehmen können.

Fixkosten wie beispielsweise Miete, Strom, aber auch für internes und externes Personal fallen unabhängig von der Auftragslage an.

Anmerkung: Personalkosten sind für Mitarbeiter nach der Probezeit zumindest kurzfristig aufgrund des Kündigungsschutzes als fix anzunehmen. Zu den Kündigungsfristen siehe §622 BGB.

Aufgabe 101

Vervollständigen Sie die Tabelle und berechnen Sie den Jahresüberschuss von Birgit und Anton im Falle des Wirtschaftsabschwungs. Unterstellen Sie, dass die Personalzahlen unverändert bleiben.

	Birgit	Anton
Umsatz	93.840,00 €	4.526.400,00 €
- Kosten externes Personal	- €	4.320.000,00 €
- Materialkosten (PSA)	- €	12.000,00 €
= Bruttoergebnis	93.840,00 €	194.400,00 €
- Miete	12.000,00 €	36.000,00 €
- Nebenkosten	2.400,00 €	6.000,00 €
- Kosten internes Personal	72.000,00 €	144.000,00 €
= EBITDA (Betriebsergebnis)	7.440,00 €	8.400,00 €
- Abschreibungen	5.000,00 €	10.000,00 €
= EBIT (operatives Vorsteuerergebnis)	2.440,00 €	- 1.600,00 €
- Zinsen	1.200,00 €	6.000,00 €
= EBT (Vorsteuerergebnis)	1.240,00 €	- 7.600,00 €
- Steuern (keine)	- €	- €
= Jahresüberschuss	1.240,00 €	- 7.600,00 €

Anmerkung zu den Steuern:

Unter der Annahme, dass Anton und Birgit keine anderen Einkünfte haben, liegt der Jahresüberschuss unterhalb des steuerfreien Existenzminimums, sodass keine Steuern anfallen.

Aufgabe 102

Erklären Sie, weshalb der Gewinneinbruch bei Anton nicht nur absolut, sondern auch prozentual im Vergleich zur Ausgangsplanung ohne Wirtschaftsabschwung deutlich höher ausfällt als bei Birgit.

Der Fixkostenanteil bei Anton – v.a. die Kosten für das externe Personal - ist im Verhältnis deutlich größer als bei Birgit. Die Fixkosten fallen auch bei einem Wirtschaftsabschwung an und führen dazu, dass Antons Unternehmen einen Verlust erwirtschaftet.

Merke: Ein hoher Fixkostenanteil lässt die Gewinne viel stärker nach oben und unten schwanken als ein niedriger. D.h. hohe Fixkostenblöcke sind gefährlich, wenn es zu Umsatzrückgängen kommt.

Aufgabe 103

Berechnen Sie die Eigenkapitalrendite (RoE) für Birgits Unternehmen.

9.500€ / (20.000€ + 37.000€) = 16,7%

Aufgabe 104

Berechnen Sie für diese Situation die Eigenkapitalrendite, wenn der erzielte Jahresüberschuss unverändert bleibt.

9.500€ / (5.000€ + 37.000€) * 100 = 22,6 %

Der RoE wäre in diesem Fall somit deutlich höher.

Aufgabe 105

Berechnen Sie für die Ausgangssituation den Verschuldungsgrad, die Eigenkapital- sowie die Fremdkapitalquote.

Verschuldungsgrad: (25.000€ + 12.000€) / (20.000€ + 37.000€) * 100 = 65%

Eigenkapitalquote: (20.000€ + 37.000€) / 94.000€ *100 = 60,6%

Fremdkapitalquote: (25.000€ + 12.000€) / 94.000€ * 100 = 39,4%.

Aufgabe 106

Beurteilen Sie kritisch die von Ihnen für Birgits Unternehmen berechnete Eigenkapitalrentabilität und Fremdkapitalquote mit den Kennzahlen des Wettbewerbers.

Der Wettbewerber weist eine höhere EK-Rentabilität (25% zu 16,7%) auf. Dies deutet darauf hin, dass der Wettbewerber effizienter mit seinem EK arbeitet und dieses gewinnbringender einsetzt.

Die höhere Fremdkapitalquote (80% zu 39,4%) bedeutet, dass der Konkurrent stärker mit Fremdkapital arbeitet und somit sein Eigenkapital in größerem Umfang hebelt. Dies führt im Erfolgsfall zu einer höheren Eigenkapitalrentabilität. Im Falle einer schlechteren wirtschaftlichen Entwicklung birgt diese Strategie jedoch Risiken, da das Unternehmen über geringere Eigenkapitalreserven verfügt und die Fremdkapitalgeber ihre Kreditvergabe einschränken bzw. evtl. sogar auf die Rückzahlung ihres gewährten Fremdkapitals dringen könnten.

Aufgabe 107

Berechnen Sie den RoI für das Unternehmen.

9.500€ / 94.000€ * 100 = 10,1%

Aufgabe 108

Berechnen Sie die Umsatzrentabilität des Unternehmens.

9.500€ / 115.000€ * 100 = 8,3%.

Aufgabe 109

Berechnen Sie die Liquidität 1. Grad.

(15.000€ + 2.000€) / 12.000€ * 100 = 141,7%.

Aufgabe 110

Beurteilen Sie die berechnete Cash Ratio kritisch.

Die Cash Ratio beträgt 141,7%, d.h. die kurzfristigen Verbindlichkeiten sind komplett durch liquide Mittel gedeckt. Das Unternehmen ist diesbezüglich gut aufgestellt.

Aufgabe 111

Berechnen Sie die Liquidität 2. Grades.

(25.000€ + 15.000€ + 2.000€) / 12.000€ * 100 = 350%.

Aufgabe 112

Berechnen Sie die Personalaufwandsquote von Birgit und Anton in der Ausgangssituation.

Birgit: (43.200€ + 28.800€) / 102.000€ * 100 = 70,6%.

Anton: (57.600€ + 86.400€ + 4.320.000€) / 4.920.000 * 100 = 90,7%.